RÉFORMES NÉCESSAIRES

AUX

ÉTATS MUSULMANS

ESSAI

Formant la première partie de l'ouvrage politique et statistique

intitulé :

LA PLUS SURE DIRECTION POUR CONNAITRE L'ÉTAT DES NATIONS

PAR

LE GÉNÉRAL KHÉRÉDINE

**Ancien Ministre de la Marine à Tunis,
et Ancien Président du Grand Conseil tunisien**

TRADUIT DE L'ARABE SOUS LA DIRECTION DE L'AUTEUR

PARIS

IMPRIMERIE ADMINISTRATIVE DE PAUL DUPONT

45, RUE DE GRENELLE-SAINT-HONORÉ, 45

1868

AVANT-PROPOS

Après avoir longuement médité, l'histoire à la main, sur les
causes du progrès et de la décadence des sociétés anciennes et
modernes, et m'être tenu autant que possible au courant de ce qui,
chez nous et à l'étranger, a été publié sur le passé ou préjugé,
d'après les données de l'expérience, sur l'avenir des peuples
musulmans, j'ai dû me convaincre, comme de vérités qui ne sauraient être mises en doute ni sérieusement contestées par aucun
musulman sensé, que, au milieu du mouvement général des esprits
et dans l'état actuel des nations qui rivalisent entre elles dans la
recherche du bien et du mieux, nous ne pourrions pertinemment
apprécier et recommander ce qu'il convient de faire chez nous
sans connaître ce qui se passe chez les autres, particulièrement
chez ceux qui sont autour et près de nous ; et que, de nos jours,
avec la rapidité des communications et les moyens encore plus

rapides de la transmission de la pensée, il faut considérer le monde par rapport aux nations comme un seul pays habité par des races différentes, en contact toujours plus fréquent entre elles, ayant des intérêts identiques à satisfaire, et concourant, quoique séparément, à l'avantage commun.

En partant de ces prémisses incontestables, tout bon musulman sincèrement convaincu que la loi islamique suffit constamment et partout à toutes les exigences du spirituel et du temporel, et sachant qu'une bonne réglementation des affaires civiles ne peut être qu'avantageuse aux intérêts religieux, doit reconnaître avec regret que la plupart de nos ulémas, qui sont investis de la double mission de sauvegarder les intérêts spirituels et matériels de notre loi théocratique et de développer l'application successive de ces derniers, par une interprétation intelligente et conforme aux besoins de l'époque, se montrent peu soucieux de connaître les affaires intérieures de leur pays, et qu'ignorant complétement ce qui se passe chez les autres, ils se trouvent par suite, sans qu'il soit besoin de le démontrer, dans l'impossibilité de remplir convenablement leur mission temporelle.

Or, est-il admissible que ceux qui sont destinés à être les médecins de la nation ignorent la nature du mal, ou ne mettent leur gloire à être initiés aux principes les plus élevés de la science que pour ne pas les appliquer ?

C'est aussi avec non moins de regret qu'on doit reconnaître que, parmi les hommes d'État musulmans, il y en a qui partagent réellement l'ignorance politique des ulémas, et d'autres qui l'affectent de parti pris, parce qu'ils sont intéressés au maintien du despotisme.

Dans cet état de choses, j'ai pensé qu'en publiant le résultat de mes longues et consciencieuses recherches et des observations personnelles que j'ai été à même de faire pendant le cours de plusieurs missions, dont S. A. le Bey m'a honoré auprès des gouvernements amis, je ferais un travail de quelque utilité pour l'avenir de l'islamisme, si j'atteignais le but principal de mon ouvrage, qui est de mettre nos ulémas en état de mieux remplir leur rôle temporel, et de ramener dans la bonne voie les égarés, hommes d'État ou simples particuliers, en faisant entrevoir quelle devrait être la marche de nos affaires à l'intérieur et à l'extérieur, en mettant les uns et les autres à même de connaître ce qu'il importe de savoir à présent sur l'état politico-économique des nations européennes, particulièrement de celles qui ont avec nous des relations plus fréquentes ou plus intimes, et, enfin, en leur inspirant le désir d'imiter la louable persévérance des Européens à se procurer toute sorte de renseignements sur l'état matériel et moral des différents peuples du globe, ce qui, du reste, est rendu plus facile aujourd'hui qu'autrefois, par la création de nouvelles voies de communication qui ont raccourci les distances et rapproché les limites des États.

A cet effet, j'ai résumé ce qu'il m'a été possible de recueillir sur les nations européennes et sur leurs institutions politico-administratives, et j'ai parlé de l'état où ces nations se trouvaient anciennement et des moyens qu'elles ont employés pour atteindre le haut degré de progrès et de prospérité dont elles jouissent maintenant. J'ai parlé aussi de l'ancienne société musulmane, à qui les historiens européens eux-mêmes reconnaissent la priorité dans les sciences, le progrès et la prospérité nationale, au temps où notre loi politico-religieuse était savamment expliquée et rigoureusement appliquée dans toutes les affaires publiques.

En indiquant les moyens employés en Europe, j'ai été naturel-

[j]oment amené à faire plus spécialement ressortir ceux qui, se trouvant conformes ou tout au moins non contraires aux préceptes de notre loi théocratique, m'ont paru les plus propres à nous faire reconquérir ce que nous avons perdu et à nous tirer de notre état actuel, et j'ai ajouté enfin, comme complément de mon sujet, tout ce que j'ai cru pouvoir satisfaire le désir légitime du lecteur.

Mon ouvrage se compose d'une introduction et de deux livres, contenant chacun plusieurs chapitres, et je l'ai intitulé : *La plus plus sûre direction pour connaître l'état des nations*. L'amour du bien m'a poussé à entreprendre ce travail, peut-être au-dessus de mes forces ; mais, en faveur de la bonne intention, je réclame l'indulgence du lecteur.

INTRODUCTION

Après ce que j'ai dit, d'une manière générale, dans
l'avant-propos sur l'origine et la tendance de cet ouvrage, je répéterai plus explicitement ici que je l'ai
écrit dans un double but, tout en visant au même
résultat.

D'abord, je veux réveiller le patriotisme des ulémas
et des hommes d'État musulmans, et les engager à
s'entr'aider dans le choix intelligent des moyens les
plus efficaces pour améliorer l'état de la nation islamique, accroître et développer les éléments de sa
civilisation, élargir le cercle des sciences et des
connaissances, augmenter la richesse publique, par le
développement de l'agriculture, du commerce et de
l'industrie, et pour établir avant tout, comme base
principale, un bon système de gouvernement d'où
naisse la confiance, qui produit à son tour la persévé-

rance dans les efforts et le perfectionnement graduel en toutes choses, tel enfin qu'il existe aujourd'hui en Europe.

En second lieu, j'ai écrit mon ouvrage pour détromper certains musulmans fourvoyés, qui, fermant les yeux sur tout ce qu'il y a de louable et de conforme aux enseignements de notre propre loi théocratique chez les peuples d'une religion différente de la nôtre, se croient, par suite d'un funeste préjugé, dans l'obligation de le dédaigner et de ne pas même en parler, et considèrent comme suspects ceux qui approuvent ce qu'il y a de bon comme système ou comme institutions chez les non-mulsumans. Cela pris dans un sens absolu est la plus grande des erreurs; car, si ce qui vient du dehors est bon en soi et conforme à la raison, particulièrement s'il s'agit de ce qui a déjà existé chez nous et nous a été emprunté, non-seulement il n'y a pas de raison pour le repousser et le négliger, mais, au contraire, il y a obligation de le recouvrer et d'en profiter.

Nous admettons que tout homme attaché à sa religion considère nécessairement comme égarés ceux qui suivent un culte différent; mais cela ne doit pas l'empêcher de les imiter en ce qu'il voit de bien chez eux concernant les affaires de ce monde, comme font justement les Européens, qui ne cessent d'emprunter aux étrangers, sans distinction de race et de religion, ce qui est bon en soi, et sont parvenus par cette conduite à faire arriver leurs affaires temporelles au degré de prospérité qui se voit aujourd'hui. Or donc, tout individu de bon sens doit avant de s'opposer à une innovation, la peser avec impartialité et l'examiner avec les yeux perçants de l'intelligence, et s'il la trouve bonne, il doit l'adopter et l'appliquer, que son auteur soit croyant ou non ; car ce ne sont pas les hommes qui font connaître la vérité, mais c'est la pratique de la vérité qui fait connaître les hommes. Du reste, c'est un des principes de notre croyance qu'il faut prendre la science là où elle se trouve ; et nous rappelons à ce sujet que le khalife Ali a dit qu'il faut prendre les choses pour ce qu'elles valent, sans se préoccuper de leur origine.

Il a bien été permis aux premiers pères de l'islamisme d'emprunter aux Grecs, entre autres choses, la logique, dont notre grand jurisconsulte el Ghazzeli a dit : « Celui qui ne connaît pas la logique ne peut être reconnu ni suivi comme savant. » Qu'est-ce qui nous empêche donc aujourd'hui de prendre chez ceux qui sont étrangers à notre culte les connaissances dont nous ne saurions contester l'importance et la nécessité, pour nous garantir contre les éventualités et procurer nos propres avantages.

El Mouak, docteur du rite maléki, a dit : « Il ne « nous a été défendu de suivre les autres qu'en ce qui « est contraire aux bases de notre loi ; mais, si ce qu'ils « ont fait se trouve conforme à ce qu'elle conseille, « prescrit ou permet, nous ne devons pas le rejeter « à cause de son origine, car la religion ne défend « pas d'imiter celui qui fait ce que Dieu a ordonné. »

Nous lisons en outre dans le commentaire du célèbre jurisconsulte Hanéfi Mohamed ben Abbydin : « Il « n'est pas défendu d'imiter les étrangers, quand « c'est pour le bien des créatures de Dieu. »

Cependant, si nous examinons la conduite de ces

musulmans dédaigneux dont nous parlons, nous trouvons que, tout en refusant d'imiter les étrangers . ce
qui est utile comme institutions, ils ne se refusent
pas à eux-mêmes d'en consommer les produits dans
une proportion nuisible aux intérêts du pays, sans se
préoccuper de la production nationale. Ce qui le prouve,
c'est que leur habillement, leur ameublement, leurs
armes, leur matériel de guerre et mille autres choses
nécessaires à la vie ne viennent que de l'étranger. Il
est facile de comprendre combien un pareil système
de consommation est humiliant, antiéconomique et
antipolitique. Humiliant, parce que le besoin de
recourir à l'étranger pour presque tous les objets de
première nécessité, démontre l'état arriéré des arts
dans le pays ; antiéconomique, parce qu'il favorise
l'industrie étrangère au détriment de l'industrie nationale, qui ne peut se livrer à la transformation des
produits indigènes, transformation qui constitue une
des principales sources de la richesse publique ; antipolitique et surtout, parce que la nécessité pour un
état de recourir constamment à un autre est un obstacle à son indépendance et une cause de faiblesse,
particulièrement si cette nécessité a rapport aux
armes et au matériel de guerre ; car si on peut acheter
ces choses en temps de paix, de gré à gré chez
l'étranger, il est impossible de se les procurer de la
même source en temps de guerre, à n'importe quel
prix. Nous ne possédons, dans notre état actuel,
comme produits, que des matières premières. En effet,
chez nous, l'éleveur du bétail, le cultivateur du coton,
et le sériciculteur, passent toute l'année dans des travaux pénibles, et finissent par vendre à bas prix leurs

produits bruts aux Européens, qui, dans un court délai, les leur revendent transformés par leur industrie à un prix dix fois plus élevé.

Cela n'a d'autre cause que la supériorité et les progrès de l'Européen dans les connaissances dont le développement est favorisé par des institutions politiques basées sur la justice et la liberté. Nous disons donc à nos contradicteurs égarés : Comment peut-il être permis à un homme de bon sens de se priver de ce qui est bon et utile par des raisons purement chimériques ? Comment, sur un simple scrupule, sans fondement sérieux, peut-il renoncer si facilement à ce qui intéresse sa propre existence ? A l'appui de notre thèse, rappelons ici ce qu'enseignent les auteurs européens dans leurs ouvrages sur la politique de la guerre, savoir, que les États qui n'imitent pas leurs voisins dans le perfectionnement des armes et du système militaire, finissent tôt ou tard par devenir la conquête de ces mêmes voisins.

Ces écrivains n'ont cité naturellement que des exemples militaires, à cause de la spécialité du sujet qu'ils traitaient ; mais nous en concluons que la nécessité de l'imitation et de l'assimilation de ce qui se fait en mieux chez les voisins, ne doit pas se borner aux choses militaires, mais qu'elle s'étend à tout ce qui peut favoriser le progrès et le bien-être de la nation.

Ce qui doit rendre encore plus précieux pour nous l'enseignement de ces écrivains militaires, c'est qu'il est conforme aux instructions données par le khalife Abou Baker à son général Khaled-ben-Oulid, chargé du commandement d'une armée. « Je vous « recommande, lui dit-il, la crainte de Dieu, le soin de

« vos subordonnés et les plus grandes précautions
« lorsque vous serez sur les terres de l'ennemi. Si
« vous rencontrez son armée, combattez-la avec les
« mêmes armes dont elle se servira ; opposez l'arc à
« l'arc, la lance à la lance, le sabre au sabre. » Et
si c'était aujourd'hui, il aurait mentionné sans aucun
doute les canons rayés, les fusils à aiguille, et, au
besoin, les navires cuirassés. Car, parmi les devoirs
qu'impose la défense nationale ordonnée par la loi se
trouve celui de connaître la position, la force et les
moyens de l'ennemi, pour pouvoir égaliser les chances
et le combattre avec succès. Or, pourrait-on, de nos
jours, exécuter tout cela, sans être à la hauteur du
progrès actuel ? Pourrait-on arriver à cette hauteur
sans des institutions dans le genre de celles que nous
voyons ailleurs, institutions appuyées sur la justice
et la liberté, base fondamentale de notre loi théocratique ?

Comme notre but ne peut être atteint qu'en faisant
connaître l'état actuel politico-économique des nations
européennes, nous nous empresserons de remplir
cette partie de notre tâche, en faisant ressortir successivement les avantages que peut en retirer la
société musulmane. Et nous disons d'abord que leur
état social actuel n'est pas un héritage fort ancien ;
car, après l'invasion des barbares et la chute de
l'empire romain en 476, l'Europe s'étant trouvée dans
la plus déplorable condition, à cause de l'ignorance
et de la conduite arbitraire des gouvernants, commença
à rétrograder, ce qui est beaucoup plus facile que
d'avancer, et demeura sous le despotisme des rois et
des seigneurs jusqu'en 768, date de l'avénement de

l'empereur Charlemagne, qui fit des efforts extraordinaires pour favoriser les sciences et le développement des connaissances utiles ; mais, à la mort de cet empereur, elle retomba dans les ténèbres de l'ignorance et sous le despotisme de ses chefs, ainsi que nous le verrons plus tard.

C'est une erreur de croire que les Européens soient parvenus à la prospérité dont ils jouissent aujourd'hui, simplement à cause de la fertilité du sol et de la bonté de leur climat, car il existe des terres et des climats meilleurs ; il ne faut pas croire non plus que cette prospérité soit le résultat direct des principes de leur religion ; car, bien qu'elle recommande la pratique de la justice et l'égalité, nous savons que leurs institutions politiques n'ont pas, comme les nôtres, une origine théocratique. Jésus-Christ a défendu aux apôtres de s'immiscer dans les affaires temporelles, et il a dit, comme on le sait, que son royaume n'était pas de ce monde. Et en effet, l'empire de sa religion ne regarde que les âmes. Au surplus, le désordre menaçant qui règne dans les États du pape, chef de la religion chrétienne, et qui a pour cause le refus d'adopter des institutions politiques conformes à celles des autres États de l'Europe, est une preuve de ce que nous venons d'avancer.

Mais il faut en convenir, les Européens ne sont parvenus à jouir de la prospérité dont nous parlons que par leurs progrès dans les sciences et les arts, et grâce à leurs institutions, qui facilitent la circulation de la richesse publique, et font jaillir les trésors de la terre, par une protection éclairée constamment accordée à l'agriculture, à l'industrie et au commerce :

toutes conséquences naturelles de la justice et de la liberté, deux choses qui sont devenues pour eux une seconde nature. Du reste, c'est la loi de la Providence que la justice, la bonne administration et les bonnes institutions politiques soient les causes de l'augmentation de la richesse, de la population et du bien-être général, et que l'état contraire amène la décadence en toutes choses. Cela est pour nous une vérité démontrée dans notre loi et dans les historiens musulmans et autres. Notre prophète (que le salut soit sur lui!) a dit : « La justice est la gloire de la foi : « le souverain y trouve sa grandeur, et la nation sa « force. » C'est d'elle aussi que résultent la sécurité et le bien-être des administrés.

Dans l'ouvrage intitulé : *Avertissement aux souverains*, on lit que le souverain doit posséder mille belles qualités, toutes comprises dans deux principales qui font de lui un prince juste et accompli : c'est d'assurer la prospérité du pays et la sécurité des habitants.

Celui qui a lu le troisième chapitre du premier livre de Ben-Khaldoun a pu voir des preuves palpables que l'injustice et l'arbitraire sont la cause de la ruine des États, quelle qu'ait été leur condition précédente. C'est du reste une conséquence de la nature humaine que, si on laisse au souverain une liberté complète d'action, l'arbitraire régnera bientôt sous toutes ses formes : ce qui se pratique encore aujourd'hui dans quelques États musulmans, et ce qui s'est vu dans les États de l'Europe aux siècles dont nous avons parlé, quand les souverains régnaient en maîtres absolus sur les créatures de Dieu, sans être contenus par aucune

institution, ni purement politique, car il n'en existait
pas à cette époque, ni même politico-religieuse, cela
ne se trouvant pas au point de vue temporel dans la
loi du Messie, qui a recommandé de préférence la
vie contemplative et l'éloignement du monde. Or,
certains États européens ne sont arrivés à une ruine
presque complète, et ne se sont trouvés en danger de
perdre leur indépendance qu'à cause de la mauvaise
administration de leurs gouvernants, triste effe' 'e la
liberté de tout faire laissée au souverain, tandis que
les États musulmans, leurs voisins, étaient gouvernés
d'une manière parfaite, à cause de la conformité des
actes de leurs chefs avec la loi théocratique, dont il
n'est pas hors de propos de rappeler les principales
dispositions. Elle défend à tout individu d'agir capri-
cieusement, d'après ses seuls penchants personnels ;
elle ordonne de protéger les droits des particuliers,
qu'ils soient musulmans ou non ; elle recommande
l'adoption de moyens et de remèdes appropriés aux
temps et aux circonstances ; elle impose l'obligation
de commencer par empêcher le mal avant même de
s'occuper du bien, et de deux maux dont l'alternative
est inévitable, elle ordonne de préférer le moindre.
Une des plus importantes prescriptions de cette même
loi, au point de vue politique, est l'obligation de
prendre conseil avant d'agir, imposée par Dieu à son
prophète impeccable, quoique comme tel, il n'eût
besoin de consulter personne, puisqu'il agissait sous
l'inspiration divine et qu'il était doué de toutes les
perfections. Or, cela n'a été ordonné au prophète que
pour une haute raison, qui était d'établir une règle
obligatoire pour tous les chefs qui viendraient après lui.

Ebn-el-Arabi a dit : « L'obligation de prendre con-
« seil est une base de la loi et une règle à observer
« par tous, sans distinction ni exception, depuis le
« Prophète jusqu'au dernier des hommes. » Le khalife
Ali a dit aussi : « Pas de conseil, pas de sagesse. »
Une autre disposition, extrêmement importante, qui
constitue en même temps l'un des principes fondamentaux de la loi, c'est l'obligation de s'opposer au
mal par tous les moyens légaux, imposée formellement
à tout musulman majeur et jouissant de toutes ses
facultés intellectuelles. C'est de cette disposition capi-
tale que résultent la légitimité et la nécessité parmi
nous du contrôle des actes publics. Et justement, à
propos de contrôle, el Ghazzéli, surnommé *la preuve
de l'islamisme*, a dit en parlant des anciens chefs
musulmans : « Les khalifes et les souverains musul-
« mans aimaient à voir discuter leurs actes, même
« lorsqu'ils étaient en chaire. » Amour ben Khattab
étant un jour monté en chaire, adressa au peuple ces
paroles : « Vous tous qui m'écoutez, si vous apercevez
« des écarts dans mon administration, veuillez les
« redresser. » Et aussitôt quelqu'un des assistants lui
répondit : « En vérité, en vérité, si nous vous avions
« vu commettre des écarts, nous les aurions redressés
« avec nos sabres. » Et le khalife, bien loin de se
fâcher, reprit : « Béni soit Dieu qui a permis qu'on
« trouve parmi nous des hommes capables de redresser
« au besoin avec leurs sabres les écarts d'Amour. »
Il est incontestable qu'un homme comme ce khalife,
ami de la justice et défenseur sévère de la religion et
de la dignité souveraine, s'il n'avait pas reconnu que
ce langage énergique et sans aucun ménagement était

conforme aux prescriptions de la loi, n'en aurait pas rendu grâces à Dieu, mais qu'au contraire il aurait relevé l'expression et confondu l'interlocuteur.

El Ghazzéli, déjà cité, commentant les préceptes relatifs au contrôle dans son ouvrage intitulé : *De l'accomplissement du bien et de l'empêchement du mal*, rapporte que Maouhia ayant mis du retard à opérer quelques versements pour le compte de l'État, Abou Meslem el Khaulani l'interpella publiquement à ce sujet, pendant qu'il était en chaire, en disant : « L'argent de l'État n'est le patrimoine ni de vous, ni « de votre père, ni de votre mère, » et que Maouhia répondit résolûment après réflexion : « Meslem a « raison, cela n'appartient en propre ni à moi, ni à « mon père, ni à ma mère ; venez tous prendre ce « qui vous est dû. »

Je conclus de cela que, sans cette opposition raisonnée dont nous venons de citer des exemples, et qui est le contrôle en action, il ne saurait y avoir de véritable gouvernement parmi les hommes ; car l'existence d'un pouvoir dirigeant est sans contredit une condition indispensable à la vie de toute société humaine ; mais si l'on permettait au chef investi de ce pouvoir de faire ce qu'il veut et de commander comme il l'entend, la nécessité sociale, qui légitime l'existence du pouvoir, n'aurait plus de raison d'être, et les désordres publics deviendraient l'état normal de la société.

Il faut donc que tout chef dirigeant subisse lui-même une direction salutaire, résultant d'une loi, soit théocratique, soit purement politique ; et comme toute loi, si elle n'est pas respectée, est nécessairement exposée à périr, il en résulte l'obligation directe pour les hommes sensés et éclairés de la nation de s'opposer à toute violation de la loi, qui est la modératrice suprême. Or, les citoyens, à qui la loi musulmane impose cette obligation, sont appelés à remplir parmi nous le même rôle que les chambres représentatives et la presse en Europe, et, si ce devoir était bien compris, les souverains musulmans seraient obligés de compter avec eux, comme la plupart des souverains de l'Europe sont obligés de compter avec les représentants de la nation et avec l'opinion publique de leur pays ; car le but des uns et des autres est le même, c'est de contrôler les actes du gouvernement et de le ramener dans le droit chemin si jamais il s'en écarte, quoique les moyens pratiques à employer puissent et doivent nécessairement différer.

Ce que nous venons d'avancer est confirmé par ben Khaldoun, dans son introduction au titre *Du Souverain*. Cet auteur dit en résumé : Que l'existence du pouvoir souverain est basée sur une nécessité sociale, c'est-à-dire, la garantie réciproque de chaque membre composant la nation, contre l'arbitraire et l'abus de la force individuelle, qui sont des imperfections de la nature humaine, et que, précisément à cause de ces imperfections, comme les souverains, au lieu d'agir selon la justice, n'ont souvent commandé que d'après leurs caprices, et ont accablé les peuples de charges écrasantes, il en est résulté pour ceux-ci une autre nécessité, celle de se coaliser, pour se défendre contre les désordres qu'il s'agissait d'éviter à la société par l'établissement du pouvoir, désordres résultant du despotisme des chefs, d'où la nécessité encore de revenir à des institutions politiques indispensables, admises par la nation et ayant force de loi, comme cela s'est pratiqué chez les Persans et chez d'autres peuples; que tout gouvernement qui ne suivrait pas une pareille voie, qui ne serait pas organisé de la sorte, ne saurait aboutir à rien de bon, ni maintenir son indépendance : il ajoute enfin que si de pareilles institutions n'ont eu pour auteurs que les grands et les hommes distingués de la nation, elles s'appellent rationnelles et purement politiques, tandis que si elles viennent d'en haut et qu'elles aient la sanction religieuse, elles s'appellent théocratiques, et sont utiles pour ce monde et pour l'autre.

Nous ajoutons que les effets salutaires des institutions ne peuvent se produire et durer qu'autant que les institutions elles-mêmes sont scrupuleusement respectées, et qu'on est prêt à défendre leur inviolabilité par tous les moyens légaux, comme le précepte déjà énoncé de faire le bien et d'empêcher le mal nous en fait un devoir.

Nous ne nions pas qu'on ne puisse rencontrer un prince doué de toutes les qualités nécessaires pour gouverner sans contrôle de la manière la plus sage ; car, l'existence d'un tel prince étant admise, son impartialité et son amour du bien le porteraient naturellement à s'entourer des hommes les plus éminents de son pays, et à choisir parmi eux des ministres capables, pour l'aider de leur concours loyal dans l'administration, et de leurs sages conseils dans les questions difficiles et délicates concernant l'intérêt et le salut de l'État. Mais un pareil prodige, très-rare assurément, ne saurait entrer en ligne de compte, parce qu'il dépend du concours de plusieurs qualités essentielles qui ne peuvent que difficilement se trouver réunies d'une manière durable dans un seul homme, et qui, d'ailleurs, finiraient toujours avec lui.

Il est donc évident, et c'est pour nous une profonde conviction, que le contrôle pondéré, fondé sur des institutions en rapport avec l'état de la nation, présente la meilleure et la plus sûre garantie pour l'existence et la durée d'un bon gouvernement. A l'appui de notre raisonnement, nous ajouterons que les souverains sont sujets, eux aussi, aux faiblesses de la nature humaine, et que tout souverain se trouve nécessairement dans l'une des trois conditions suivantes, c'est-à-dire qu'il aura la capacité voulue pour commander à soi et aux autres; ou il aura la capacité, mais il ne sera pas assez maître de ses passions ; ou bien il n'aura ni capacité ni énergie.

Or, il n'est pas besoin de démontrer que le concours de la nation, la responsabilité ministérielle, l'existence du contrôle enfin, ne sauraient aucunement empêcher le souverain de la première catégorie de réduire en fait le bien qu'il désire, puisque, au contraire, ce souverain trouverait dans les hommes chargés de contrôler ses actes une aide puissante, par le concours unanime de leur intelligence unie à la sienne, pour faciliter l'application de toute mesure salutaire due à l'initiative du souverain. De plus, tout alors concourrait à assurer la transmission successive du pouvoir souverain parmi les membres de sa famille, quand même ils seraient à classer dans la seconde ou dans la troisième catégorie ; car, dans ces deux cas, le contrôle devenant indispensable, garantirait complétement la nation contre les caprices ou l'incapacité du chef. L'organisation d'un contrôle sérieux est donc le seul moyen de salut pour l'existence et la durée de tout gouvernement, quand même le chef dirigeant serait esclave de ses passions ou d'intelligence bornée.

Le traducteur de Stuart Mill, M. Dupont White, fait remarquer que l'Angleterre n'a traversé les phases les plus difficiles et n'a donné les plus grandes preuves de sa force et de sa grandeur que sous le règne de Georges III, qui était fou.

Évidemment, il n'a pu en être ainsi en Angleterre, malgré la folie du souverain, qu'à cause de l'intervention de la nation dans les affaires publiques, par l'intermédiaire de ses représentants et par suite de l'existence du contrôle et de la responsabilité des ministres ou conseillers de la couronne devant le Parlement.

Quelques gens à faible intelligence prétendent chez nous que la capacité supérieure et reconnue d'un ministre dirigeant rend le contrôle inutile, et qu'elle suffit pour parer aux inconvénients d'un gouvernement qui aurait pour chef un souverain de la seconde ou de la troisième catégorie : ce qui est une erreur manifeste. Disons d'abord que ce que nous avons avancé au sujet des souverains, quant aux imperfections de la nature humaine, s'applique aussi aux ministres. D'ailleurs, le choix des ministres appartenant exclusivement au souverain, peut-on espérer qu'il prendra pour ministre dirigeant un homme capable de s'opposer à ses volontés ?

Si nous admettons le cas où le ministre choisi sera

d'une capacité et d'une supériorité incontestables, il faut admettre aussi que ce ministre, malgré toutes ces qualités éminentes, ayant affaire à un souverain esclave de ses passions et de ses caprices, se trouverait nécessairement dans l'une des positions que nous allons indiquer. En effet, ou il est disposé à favoriser les désirs du souverain et de son entourage pour se maintenir au pouvoir, et, dans ce cas, le malheur et la ruine de l'État sont inévitables ; ou bien, ayant le courage de ne pas transiger avec son devoir, il ordonne à ses subalternes de faire ce qu'il croit nécessaire au bien du pays, et alors, sur quoi se baserait-il, d'où lui viendrait le droit, quelle raison pourrait-il donner de son opposition aux volontés du souverain, particulièrement en l'absence de toute institution qui pût le garantir contre le ressentiment du chef et contre les intrigues des courtisans ? Car il faut bien que le ministre compte, et compte sérieusement avec ces derniers, qui, prévoyant dans la sagesse des mesures recommandées par le ministre l'amoindrissement de leur influence et le tarissement de la source de leurs gains illicites, se coaliseront pour entraver sa marche et pour lui nuire par tous les moyens possibles.

Ils commenceront par faire en sorte que ses ordres ne soient pas exécutés ou ne le soient qu'imparfaitement, ou que tout au moins l'exécution en soit retardée, pour faire perdre l'à-propos aux mesures décrétées, et par là en discréditer l'auteur ; ils garderont le silence le plus absolu sur la plupart de ses bonnes qualités, et feront grand bruit de la moindre de ses fautes, en la grossissant outre mesure, et tout cela pour lui aliéner les cœurs.

A propos de cette tactique, rappelons la prière du khalife Ali disant : « O Dieu ! protége-moi contre un « ennemi qui m'observe sans cesse, et qui, s'il voit « en moi une bonne qualité, la cache, et s'il y découvre « un défaut le proclame hautement. »

Mais admettons que le ministre, par sa longanimité et par son habileté parvienne à déjouer les intrigues de ses adversaires intéressés : c'est alors que ceux-ci, devenant des ennemis acharnés, n'épargneront rien pour lui nuire directement et s'en débarrasser une fois pour toutes. Ils le noirciront aux yeux du souverain déjà irrité et jaloux, en disant que le ministre est devenu le souverain de fait, et que lui, le véritable chef, n'a qu'une souveraineté nominale ; et, suivant le système commode de la calomnie, ils lanceront contre leur adversaire toute sorte d'insinuations perfides, qui ne sauraient manquer leur effet sur un esprit faible et prévenu. C'est précisément ce qui se voit, et malheureusement trop souvent, dans les gouvernements orientaux.

Dans les conditions dont nous venons de parler, quelque capable que soit un ministre, comment pourrait-il faire marcher l'administration d'une manière avantageuse au pays, dès qu'il se trouve en opposition avec celui qui est en même temps juge et partie ? En présence des obstacles et des dangers que nous venons d'indiquer, le ministre qui aurait commencé par tenir tête à l'orage, animé par le désir du bien, se trouverait forcément réduit ou à désavouer sa politique et à devenir l'instrument servile des caprices du souverain et le complice de son entourage, ce qui serait déjà un grand mal, et ne sauverait ni l'État, ni le souverain, ni le ministre lui-même ; car le plaisir momentané de favoriser ou de satisfaire des désirs personnels est de beaucoup dépassé par l'amertume du repentir à venir ; ou bien il devrait se retirer tout à fait de la vie politique, sinon pour garantir sa personne, du moins pour échapper à l'animadversion publique, qui le poursuivrait s'il participait sciemment à la ruine de l'État ; car l'on peut et on doit risquer sa vie pour le bien de la nation, mais jamais son honneur.

En effet, la fidélité au souverain et l'amour de la patrie se manifestent par les efforts les plus énergiques pour défendre leurs véritables intérêts et pour s'opposer à tout ce qui peut y porter atteinte. Mais, dans le cas d'impuissance sous ce dernier rapport, il faut du moins refuser de participer, de quelque manière que ce soit, à ce qui pourrait avoir des conséquences funestes pour l'un ou pour l'autre ; et toute conduite différente serait une véritable trahison, malgré la satisfaction momentanée qu'elle pourrait procurer.

Il résulte de tout ce qui précède que le bonheur ou le malheur des États qui n'ont pas d'institutions politiques confiées à la garde de corps constitués, dépend entièrement du caractère et des qualités personnelles du souverain. La preuve nous en est fournie par l'état des nations européennes dans les siècles passés, avant l'introduction du système constitutionnel. Il y a bien eu, à différentes époques, des ministres qui ont légué leur nom à la postérité ; mais l'histoire nous apprend qu'ils n'ont pas pu empêcher le mal résultant du despotisme sous les deux formes précédemment exprimées.

Il ne faudrait pas croire pourtant que nous ne voyions de salut pour l'État, dans les moyens que nous venons d'indiquer, qu'aux dépens du prestige de la souveraineté, puisqu'il n'est permis à aucun bon musulman de supposer que l'intervention de la nation, par l'entremise de ses représentants, porte atteinte à la plénitude du pouvoir souverain; car si une pareille appréhension pouvait exister dans quelques esprits par trop timorés, elle serait facilement écartée par l'examen de notre jurisprudence dans la partie où elle traite des principes généraux de la politique, basée sur les préceptes de la religion.

En effet, tous les auteurs qui ont écrit sur cette partie politico-religieuse de notre jurisprudence, sont unanimes dans leur interprétation; qui a force de loi, et soutiennent que la délégation même de la plus grande partie des pouvoirs souverains n'est pas une limitation de la souveraineté, mais qu'elle constitue, au contraire, un des droits souverains admis par la religion.

El Maouardi, l'un des plus célebres jurisconsultes déjà cités, soutenant la légitimité de la nomination d'un ministre par le souverain, comme son *alter ego*, rapporte à l'appui le passage du Coran dans lequel Moïse dit, en s'adressant au Seigneur : « ..... Donne-« moi un conseiller de ma famille; que ce soit mon « frère Aaron; qu'il fortifie ma faiblesse et qu'il « partage mes fonctions. » Et il en conclut que, si la faculté pour le souverain de déléguer son pouvoir ou d'y associer quelqu'un a été admise par la religion sous le gouvernement d'un prophète, à plus forte raison doit-elle être admise sous le gouvernement de souverains qui n'ont pas de mission divine.

Nous disons à notre tour que, s'il est admis que la délégation même de la plupart des pouvoirs souverains à un ministre ne constitue ni une limitation, ni une atteinte à la souveraineté, on doit voir encore moins cette limitation et cette atteinte dans la participation au gouvernement par les délégués de la nation et dans le contrôle par eux exercé.

Nous ajouterons que le fameux imam Saad-el-Din-Teftezèni, se fondant sur les traditions de l'islamisme, admet la légitimité du concours de plusieurs personnes dans l'exercice du pouvoir souverain, tout en soutenant l'incompatibilité et l'illégalité de l'existence de plusieurs souverains indépendants dans le même État, à cause des graves inconvénients qui en résulteraient pour la marche régulière de l'administration et pour le bien public.

En effet, cet éminent jurisconsulte parlant de l'ima-mat (souveraineté) dans son ouvrage intitulé : *Explication des convictions*, s'exprime ainsi :

« Ce qui n'est pas admis par la loi, c'est la
« coexistence de deux souverains complétement in-
« dépendants l'un de l'autre, et devant être person-
« nellement obéis par la nation ; et cette inadmissibilité
« est basée sur l'opposition de leurs vues personnelles
« et de leur commandement, d'où résulterait le boule-
« versement de l'État. Mais l'exercice collectif du
« pouvoir souverain par plusieurs individus n'a rien
« de contraire à son unité, puisque les membres
« délibérant et agissant collectivement ne représentent
« et ne constituent en réalité qu'un seul pouvoir
« dirigeant. »

On voit par là que, quel que soit le nombre des indi

vidus exerçant le pouvoir souverain, il ne s'oppose ni ne nuit à son unité qui est basée sur l'identité de direction et de commandement. Et il ne faut pas oublier que Saad a été constamment suivi dans sa doctrine politique par ses plus célèbres commentateurs, tels que El Khayali, Aïsam ed Din et Abd-el-Aquïm. De tout ce qui précède découle donc, *a fortiori*, la légitimité de l'intervention de la nation dans le sens et les limites dont nous avons parlé. Car cette intervention ne va pas jusqu'à prétendre que la nation soit consultée sur tous les détails de l'administration, et qu'elle exerce cette partie de la souveraineté qui appartient exclusivement au pouvoir exécutif. D'ailleurs, le concours de la nation délibérant dans le sens par nous indiqué, n'apporte aucun empêchement à l'exercice du pouvoir souverain; car le résultat pratique de la délibération en commun est le même que si la décision venait d'un seul, d'autant plus que la sanction légale à donner aux décisions prises en conseil ou après délibération appartient au pouvoir exécutif seul, qui a en outre, dans les limites de la loi fondamentale de l'État, une complète liberté d'action pour tout ce qui concerne la direction générale des affaires intérieures et extérieures.

Il convient de rappeler ici ce que, dans son histoire du Consulat et de l'Empire, a dit M. Thiers, présentement député au Corps législatif, et jadis premier ministre sous le roi Louis-Philippe, savoir : que le gouvernement d'un seul est toujours dangereux, quelle que soit la supériorité du chef. Après avoir peint en détail Napoléon Ier, après l'avoir classé parmi les célébrités qui ont donné leur nom à leur siècle, et « l'avoir

« comparé aux grands hommes de l'histoire, quant à
« l'ensemble de leurs qualités et de leurs destinées, »
l'éminent écrivain termine son ouvrage, qui est le plus
beau monument historique de notre époque, par les
réflexions suivantes: Pour nous, Français, etc., etc. »

*L'auteur traduit en entier cette remarquable
conclusion.*

En méditant les paroles de cet homme d'État et la
critique sévère qui en résulte contre le gouvernement
d'un seul, quoiqu'il ait parlé d'un homme dont la
supériorité est admise sans conteste, on s'expliquera
facilement l'existence de ce sentiment ardent, tellement
enraciné dans le cœur de la plupart des nations
européennes qu'il est devenu en quelque sorte pour
elles une seconde nature, et qui est l'amour de la
liberté et la haine du despotisme.

Ce qui, du reste, est conforme à la tradition rap-
portée par Meslem et recueillie par Mestour, dans une
conversation qui eut lieu chez Amrou-ben-el-Aas.
Meslem raconte donc qu'un des interlocuteurs s'étant
exprimé ainsi : « J'ai entendu dire au Prophète :
« L'heure dernière viendra et les Occidentaux seront
« les plus nombreux parmi les nations, » Amrou lui
demanda : « Vous êtes-vous bien rendu compte de ce
« que vous dites? » et que l'interlocuteur ayant
répondu : « Je n'ai fait que répéter ce que j'ai entendu
« dire au Prophète, » Amrou reprit : « Puisque vous
« avez rappelé ces paroles du Prophète, je vous dirai,
« à mon tour, que cela aura lieu, parce qu'on trouve
« en eux quatre qualités principales : ils sont très-
« généreux dans les combats, très-prompts à recom-
« mencer la lutte après un revers, très-persévérants

« dans la défense, très-bienfaisants envers les faibles,
« les orphelins et les malheureux, et ils en ont une
« cinquième plus belle encore, qui est leur haine pour
« le despotisme des souverains. »

Disons maintenant à quel degré de richesse et de puissance est parvenue la société islamique, lorsque les principes salutaires que nous avons mentionnés en partie étaient scrupuleusement respectés, et que, sous des chefs vigilants se trouvait en vigueur une sage administration, basée sur la loi théocratique, et conforme aux prescriptions de la justice.

Ce n'est, en effet, que par une pareille conduite que peut s'affirmer et se populariser la politique, et qu'il devient utile de la connaître. Alors les opinions se forment dans le sens de l'état social tel que Dieu l'a voulu, et auquel il a donné, comme moyen de salut, une balance infaillible, qui est la justice ; car c'est sur elle que le créateur a assis son œuvre, ce n'est que par elle que peut se réaliser le bonheur de ses créatures, et sa bénédiction est assurée à quiconque aura travaillé sincèrement à le produire.

L'auteur de l'ouvrage intitulé : *Les opinions dévoilées*, rapporte ces paroles de quelques savants : « Si les hommes savaient au juste combien est agréable à Dieu la vivification, la fertilisation de sa terre, on ne trouverait pas sur toute sa surface une seule parcelle en ruine. » . . . . , . .

Quant à la richesse de l'empire islamique à l'époque dont nous parlons, l'historien Makrisi rapporte ce qui suit :

Le khalife El Mamoun, faisant une tournée en Égypte, avait l'habitude de séjourner vingt-quatre heures dans chaque ville; mais ayant passé, sans s'y arrêter, devant un village nommé Taa-el-Némel, il fut prié instamment d'y revenir, pour recevoir l'hospitalité d'une vieille cophte, faisant partie des notables de la localité. Le khalife consentit, et elle pourvut somptueusement à son entretien et à celui de sa nombreuse escorte. Au moment du départ, elle lui fit présent de dix bourses remplies de pièces d'or, toutes au même millésime. Le khalife étonné, s'écria : « Qui sait si le trésor public pourrait nous montrer autant de pièces de monnaie portant la même date que celles-ci ? » et il pria cette femme de reprendre son or, pour lui épargner un trop grand sacrifice; mais elle s'y refusa obstinément, et ayant ramassé de la terre dans sa main, elle dit au khalife : « Celui-là, en indiquant l'or, m'a été rapporté par celle-ci, et par votre justice, ô commandeur des croyants ; et j'en ai encore beaucoup chez moi. » Le khalife finit par accepter, et, après l'avoir récompensée en augmentant largement ses possessions, il partit, tout émerveillé de tant de richesse privée. Ce qui était une preuve évidente de la prospérité du pays.

Le même historien rapporte encore que la capitation en Egypte, sous le gouvernement des premiers khalifes, monta à 14 millions de dinars en or; ce qui ferait aujourd'hui à peu près 700 millions de francs. Or, cette somme n'était qu'une partie du revenu d'une seule province, et la perception, bien loin d'être arbitraire, se faisait alors de la manière la plus équitable.

Ebn Khaldoun raconte aussi dans ses prolégomènes que les métaux précieux apportés au trésor,

sous le gouvernement de Reschid-el-Abbessi, s'éle-
vèrent à 7,500 quintaux d'or; ce qui représente environ
un milliard quatre cent mille francs.

Les conquêtes extraordinaires des musulmans, qui
sont relatées par nos historiens et par les écrivains
étrangers, et les traces frappantes qu'elles ont laissées,
attestent la grandeur de la puissance islamique, fondée
sur la justice de la loi et sur l'union de la nation.

On lit, à ce sujet, dans l'histoire du moyen âge,
traduite du français, par Seid Ahmed Zarabi, égyptien,
que l'islamisme a conquis en quatre-vingts ans plus
de pays que n'en avaient conquis les Romains pendant
huit siècles.

Il est donc impossible à tout homme impartial de ne
pas reconnaître ce qu'il y eut alors, dans la société
musulmane, de prospérité, de richesse et de puissance
militaire, découlant de la justice et de la concorde,
qui sont la force des royaumes, de l'intégrité des
magistrats dans l'administration publique, de la protection accordée aux lettres, aux arts et aux sciences,
toutes choses que les Européens nous ont presque
toujours empruntées, et dans lesquelles leurs historiens impartiaux reconnaissent, comme nous l'avons
déjà observé, la priorité à la société musulmane.

Nous lisons, à ce sujet, dans un livre destiné à
l'instruction de la jeunesse, intitulé : *Histoire de
France et du moyen âge du v*^{e}* au xiv*^{e}* siècle*, par
M. Duruy, actuellement ministre de l'instruction
publique en France: « Tandis que l'Europe, etc... »

*L'auteur traduit et cite textuellement tout le
passage relatif à la civilisation des Arabes, pages
200 à 204. Il ajoute ensuite la traduction de la*

préface et de plusieurs passages de l'histoire des
Arabes par M. Sédillot, puis il continue en ces
termes :

Après cette période de splendeur, l'empire musulman
commença à tomber en décadence, en se partageant
en trois royaumes : celui des Abassides, à Bagdad ;
celui des Fatimites, en Egypte et en Afrique, et celui
des Omm^iades, en Espagne. Survinrent ensuite
d'autres guerres civiles, et ces royaumes eux-mêmes
subirent des démembrements, particulièrement celui
d'Espagne, dont presque chaque province devint une
principauté indépendante.

La cause de ces démembrements fut la rivalité et
la jalousie réciproque des chefs, aidés dans leurs
tentatives d'indépendance par des esprits remuants et
ambitieux. Ni les uns ni les autres n'avaient calculé le
danger commun résultant de ces divisions, qui amenè-
rent la chute de la domination musulmane en Espagne.
Dans les autres royaumes, on vit tant de désordres
que leur ruine aurait été complète si la Providence
n'avait suscité les sultans de la famille ottomane, qui
réunirent la plupart des pays musulmans sous leur
glorieuse souveraineté, fondée l'an 699 de l'hégire.

Alors l'empire musulman recouvra son ancien éclat,
grâce à leur bonne administration, à leur sage politique, à leur respect pour la loi et à leur vigilance à
sauvegarder les droits des sujets ; grâce à leurs
conquêtes surprenantes, qui ne peuvent être comparées
qu'à celles des premiers khalifes, et grâce aussi à
leur marche rapide dans la voie du progrès, particu-
lièment sous le règne de Soliman, fils du sultan Sélim,
au xe siècle du l'hégire. Ce prince s'empressa de

conjurer les dangers à venir par la promulgation de
son code politique d'une incontestable utilité, qu'il jura
le premier avec tous les grands de l'empire d'observer
et de faire observer, et pour la confection duquel il
s'aida du concours des hommes les plus éclairés et
les plus expérimentés de ses États. Voici les principales dispositions de ce code:

L'administration de l'empire est placée sous la
sauvegarde des ulémas et des ministres, auxquels
appartient le droit de faire des remontrances au
souverain, dans le cas où il s'écarterait du droit chemin, parce que la souveraineté est basée sur la loi
politico-religieuse, qui, comme nous l'avons vu précédemment, ordonne au chef de prendre conseil avant
d'agir, et prescrit formellement à tous d'empêcher le
mal, ce à quoi les ulémas sont les plus propres, parce
qu'ils possèdent la science du droit; de même que les
ministres sont plus particulièrement en état d'apprécier les affaires purement politiques et la raison
des temps.

Si les ulémas et les ministres voient dans les actes
du souverain quelque chose de contraire à la loi
politico-religieuse, ou à ce même code, qui n'en est
que l'interprétation orthodoxe, ils devront suivre les
prescriptions de la religion concernant l'empêchement
du mal, c'est-à-dire, qu'ils commenceront par avertir
le souverain; et, si cela suffit, le but est atteint. Dans
le cas contraire, ils devront prévenir les chefs de
l'armée que leurs remontrances sont restées sans
effet. Enfin, le même code indique le moyen extrême
qui doit être employé si le souverain persiste à violer
la loi et à suivre ses caprices: c'est de le déposer et

d'élire à sa place un autre membre de la famille régnante.

Ainsi, selon les prescriptions et l'esprit de ce code, le rôle politique des ulémas et des ministres est le même que celui que remplissent aujourd'hui, dans les gouvernements constitutionnels de l'Europe, les chambres représentatives, dont nous aurons à parler ; et on pourrait même dire que ce rôle est encore plus élevé, puisque aux motifs d'ordre temporel qui nécessitent et légitiment le contrôle, se joint chez nous le commandement religieux.

Par l'effet salutaire de ce code, le gouvernement continua sa marche vers le progrès. Mais après s'être maintenu quelque temps dans cette voie, il rétrograda et se créa lui-même des causes de faiblesse et de décadence. On cessa de travailler, comme autrefois, au bien-être du pays, et, par suite, on négligea les préceptes de la loi religieuse et les prescriptions de la loi politique, octroyée précédemment avec tant d'éclat et de solennité. On n'apporta plus une attention scrupuleuse dans le choix des fonctionnaires chargés des branches les plus importantes de l'administration, et la plupart d'entre eux finirent par mettre leurs propres intérêts au-dessus de ceux du gouvernement et du bonheur des administrés.

D'un autre côté, parmi les janissaires, s'introduisirent de déplorables abus, qui en affaiblirent l'organisation et l'obéissance, à tel point qu'ils intervinrent arbitrairement dans les affaires de l'État, et qu'ils troublèrent souvent la tranquillité publique par toute sorte de violences, après avoir été cités partout comme des modèles de discipline et de courage sur les champs de bataille. De tout cela et d'une foule d'autres causes, il résulta un mécontentement général dont les chefs des provinces éloignées profitèrent pour ne plus obéir aux ordres du gouvernement central et pour donner libre carrière à leurs caprices et à leurs passions effrénées.

Tous ces désordres réduisirent la plupart des sujets non musulmans à chercher protection chez les gouvernements étrangers ; car l'homme qui a perdu l'espoir d'être garanti par la loi du pays, dans sa personne, dans ses biens et dans son honneur, se donne volontiers à celui qu'il croit le plus capable de le protéger, et il cherche même, en obtenant protection, l'occasion de se venger, particulièrement lorsqu'il n'est pas de la même race et de la même religion que ses gouvernants.

Ces mêmes désordres résultant d'une administration sans contrôle, et n'ayant aucune sorte d'institutions soit politiques, soit politico-religieuses, ont fourni aux puissances étrangères un spécieux prétexte pour s'immiscer dans les affaires intérieures de l'empire et pour entraîner le gouvernement dans une politique presque toujours antinationale et souvent contradictoire, suivant les vues et les intérêts particuliers de ces mêmes puissances. Le mal s'accrut tellement que, sur plusieurs points du territoire, il en résulta des guerres civiles, dont la longue durée a dévoré une infinité d'existences et des sommes énormes, et a facilité à des provinces importantes les moyens de se détacher de l'empire. Dans les provinces restées soumises, l'anarchie prit des proportions qui auraient causé des maux incalculables et la ruine complète de l'État, sans les remèdes énergiques et intelligents apportés successivement par le sultan Mahmoud et par ses deux fils et successeurs, Abd-el-Medjid et Abd-el-Aziz Khan, savoir :

Le premier (le sultan Mahmoud), par la destruction des janissaires, que des troupes régulières ont remplacées, par la centralisation du pouvoir par la soustraction des provinces de l'empire à l'action dissolvante des anciens chefs cupides et ambitieux, connus sous le nom de dera-beys;

Le second (le sultan Abd-el-Medjid), par la promulgation du khatti chérif de Gulhané en 1255 (1839) et du khatti houmaïoun (1856), réformes incontestablement libérales, et qui sont encore aujourd'hui la base organique de l'administration de l'empire;

Le troisième (le sultan Abd-el-Aziz), par son empressement à exécuter et à développer les réformes précédentes, au moyen de nombreuses ordonnances contenant toutes les ampliations reconnues conformes aux besoins de l'époque, et basées sur l'expérience, et, en dernier lieu, par la loi sur les provinces, mesure de haute portée dont on peut se promettre les plus heureux résultats.

Au commencement du règne du sultan Abd-el-Medjid, la foule se montra contraire aux nouvelles institutions politiques, décrétées en vertu du khatti chérif de Gulhané et appelées Tanzimat khaïryé; et dans quelques parties de l'empire, il y eut des révoltes fomentées par des gouverneurs et leurs partisans, qui ne demandaient pas mieux que de continuer à administrer sans contrôle, et qui, sachant que l'application de ces réformes aurait mis fin à leur gestion arbitraire et à leurs concussions, simulèrent un faux zèle religieux et publièrent parmi les populations tout ce qui pouvait rendre ces réformes odieuses, entre autres choses, que ce qu'on venait de promulguer était une loi nouvelle en opposition avec la loi de l'islamisme. Et en cela, il faut le dire, ils ont été puissamment aidés par les gouvernements étrangers, qui avaient intérêt à faire avorter ces réformes, à cause du bien qu'elles devaient produire, par la régularisation et l'amélioration des affaires administratives. Mais, loin de profiter de ces mécontentements et de saisir l'occasion de revenir au système de l'arbitraire, ainsi que cela s'est vu dans d'autres pays musulmans, le gouvernement s'appliqua à détruire ces insinuations calomnieuses et intéressées. A cet effet, le cheikh el Islam Aref Bek, personnage éminent et le plus pieux de son époque, fut envoyé dans les provinces ou régnait l'agitation, avec mission d'éclairer les populations et de les faire rentrer dans le respect et l'obéissance. Cet homme supérieur remplit son importante mission, en expliquant dans les chaires publiques que les tanzimats, loin d'être en opposition avec la loi religieuse, lui servaient au contraire d'appui, par la réorganisation du temporel, qui avait déjà été l'objet de l'ancienne loi politique; que le seul but de ces réformes était d'améliorer le pays, de protéger les droits des particuliers dans leurs personnes, dans leurs biens et dans leur honneur et d'établir une barrière contre les actes arbitraires. Les mécontents, rentrant alors dans la bonne voie, restèrent en repos, et les tanzimats furent partout appliqués et en vigueur autant que les circonstances le permirent.

Si un homme comme ce grand juge religieux, dont

la renommée est universelle parmi nous et dont la science, la piété et l'expérience ont été reconnues et proclamées par nos savants les plus distingués et particulièrement par notre éminent et regrettable cheikh Sidi Ibrahim el Riahi, si un tel homme, dis-je, n'avait pas été convaincu que les tanzimats étaient acceptables et conformes aux prescriptions et aux principes de la loi religieuse, jamais il n'en aurait demandé le maintien et l'application, jamais il n'en aurait fait l'éloge dans la chaire sacrée, et on ne l'eût point vu montrer toute l'ardeur de son zèle et la plus énergique insistance pour éclairer ceux qui étaient chargés de les appliquer.

En considérant ces réformes d'un œil impartial, on doit convenir de leur bonté et de leur opportunité; mais il faut admettre aussi et proclamer hautement que l'application franche et loyale de ces mêmes réformes et leur développement successif et pondéré sont les plus fermes garanties de la durée du gouvernement et les moyens les plus efficaces pour lui de recouvrer son ancienne splendeur.

La voie libérale dans laquelle ces trois souverains sont entrés et les réformes salutaires qu'ils ont opérées, ont sensiblement amélioré les affaires de l'empire et augmenté le bonheur des sujets, de sorte que tout homme impartial qui comparera l'état de choses actuel avec celui qui précédait ces réformes, sera forcé de reconnaître qu'elles ont produit de bons résultats.

Mais un certain nombre de musulmans, d'accord avec les sujets non musulmans de l'empire, trouvant ces réformes insuffisantes, réclament instamment la liberté la plus large pour contrôler les actes du gouvernement, en vertu d'institutions que devrait établir et sauvegarder une assemblée composée de membres élus par la nation tout entière ; et, dans ces derniers temps, si l'on en croit les feuilles publiques, ils auraient accentué leurs prétentions avec un redoublement d'énergie.

Quoique nous n'ayons pas sur l'administration actuelle de l'empire, et particulièrement sur l'application des réformes édictées, des renseignements suffisants pour pouvoir apprécier exactement la justesse des raisons sur lesquelles s'appuie ce parti, cependant nous approuvons en principe ses demandes, persuadé qu'elles renferment des éléments de régularité, de force, de prospérité et de considération pour les États et de véritable dignité pour les sujets. Nous ne doutons pas qu'en demandant ces réformes, les musulmans n'aient en vue que le bien de l'État et le bonheur général ; mais qu'il nous soit permis de leur demander s'ils sont bien sûrs que les sujets non musulmans qui réclament ces mêmes libertés visent au but sans arrière pensée, et méritent qu'on leur accorde une confiance pleine et entière. Selon nous, il existe des indices qui permettent de supposer que le but de la plupart d'entre eux est de se soustraire à la domination de la Sublime-Porte, puisque, après avoir obtenu les libertés actuelles, ils n'ont donné aucune preuve de dévouement et d'affection à l'empire, et qu'au contraire, ils ont montré des tendances à se rapprocher de ceux qui sont de la même race et de la même croyance religieuse qu'eux-mêmes, en recherchant toutes les occasions de se proclamer opprimés, et même en fomentant des révoltes partielles, aidés en cela par les suggestions incessantes de quelques gouvernements étrangers, qui ont intérêt à s'attirer leur sympathie et à leur inspirer de la haine et de l'éloignement pour la race dominante par des motifs qui ne sauraient échapper à un observateur attentif. La concession d'une liberté telle que ce parti la demande, avant d'en avoir bien pesé les conséquences, pourrait devenir un moyen de favoriser les vues secrètes des sujets non musulmans; car la liberté politique a pour conséquence l'égalité pour tous les citoyens dans la jouissance et l'exercice de tous les droits. Or, cette égalité peut amener au pouvoir et aux emplois supérieurs tout homme ayant les capacités requises, et, dans ce cas, la liberté ne peut être complétement donnée que lorsque, l'union régnant entre les sujets, ils sont d'accord sur le maintien intégral de l'État, quelle que soit d'ailleurs la divergence des opinions sur les moyens les plus propres à en développer la prospérité et la puissance.

C'est pour des motifs moins importants encore que certains gouvernements européens, ainsi que nous le verrons bientôt en parlant de la liberté en Europe, ont jusqu'ici refusé d'accorder la liberté en question, dans la crainte des partis hostiles dont le triomphe pourrait amener un changement de dynastie. Or, si un pareil refus est reconnu excusable là où le changement à redouter ne serait qu'intérieur et se bornerait à élever au souverain pouvoir une dynastie qui ne serait étrangère à la nation ni par son origine, ni par ses croyances religieuses, il doit l'être encore davantage là où la prépondérance des partis hostiles amènerait nécessairement le bouleversement de l'État, une dynastie nouvelle et le remplacement d'une race par l'autre.

Il faudrait considérer aussi que les sujets du gouvernement ottoman sont divisés en plusieurs races, qui diffèrent de religion, de langue et de mœurs, ignorant pour la plupart la langue officielle et ne se comprenant pas non plus entre elles, de manière que la délibération et la discussion deviendraient impossibles dans une assemblée composée des représentants de toutes ces races. D'ailleurs, il serait impolitique d'établir des distinctions et d'accorder la liberté aux uns à l'exclusion des autres, à cause des inconvénients qui en résulteraient. L'état que nous venons d'indiquer est, selon nous, le principal obstacle à l'établissement des réformes telles qu'on les demande ; et tout homme qui pèsera ces raisons avec impartialité ne saurait, en l'état actuel des choses, blâmer la Sublime-Porte de n'avoir pas encore accordé une complète liberté politique et le parlement en question.

Malgré les difficultés que nous venons de signaler, c'est un devoir pour le gouvernement de persévérer dans ses efforts et de lutter contre des obstacles dont la destruction restera, avec l'aide de Dieu, comme une trace glorieuse du règne du vicaire islamique de notre époque. Animé des meilleures intentions, ce prince ayant pu voir de ses propres yeux l'état de l'Europe, et comparer ce qu'il en avait appris par de simples relations avec les faits constatés par lui-même, nous espérons qu'il s'empressera avec encore plus d'ardeur d'adopter tout ce qui peut conduire à une complète liberté avec le concours des uléman et de ses hommes d'État agissant d'un commun accord dans l'intérêt de la religion et de l'empire, et se tenant, par la connaissance de tout ce qui peut le favoriser, à la hauteur du progrès actuel.

Parmi les obstacles qui, dans les pays musulmans, s'opposent à l'introduction des institutions politiques dont nous parlons, il faut ranger le fait des puissances européennes, qui, donnant plus de portée qu'elles n'en ont réellement à des capitulations qui devraient avoir fait leur temps, refusent, contrairement au droit des gens et de la souveraineté territoriale, d'admettre que leurs sujets résidant dans les pays musulmans soient placés sous la juridiction des tribunaux locaux, une fois les institutions politico-civiles promulguées, alléguant que le peu de connaissances et d'instruction des juges musulmans ne présente pas des garanties suffisantes, et que le fanatisme et la haine religieuse contre les chrétiens les empêcheraient d'être impartiaux.

Quant au premier reproche d'ignorance et d'incapacité, il n'est pas permis de supposer qu'on veuille le généraliser et l'appliquer indistinctement à tous nos juges, tant religieux que civils ; car tout homme sensé et impartial, tant soit peu au courant des affaires musulmanes, ne peut pas ignorer que les ulémas ont sur les lois et sur la jurisprudence les connaissances les plus étendues et les plus complètes, ce qui leur vaut justement ce titre d'ulémas. Il faut donc supposer que le reproche en question ne s'adresse qu'aux juges civils ; mais, dans ce cas, il n'est pas admissible qu'on puisse formuler une objection qui tendrait à frapper de la même incapacité presque tous les sujets d'un État, de manière à faire croire qu'on ne pourrait rencontrer parmi eux des hommes capables de remplir le rôle de juges, et d'appliquer convenablement les lois qui seraient la conséquence des institutions introduites dans cet État.

Il est vrai que, dans les commencements, il peut se produire, comme conséquence naturelle de toute innovation, des tâtonnements et des retards jusqu'à ce que l'habitude et l'expérience nécessaires soient suffisamment acquises ; mais cela ne peut aucunement fournir le motif d'une critique anticipée des institutions ou d'un reproche permanent contre les personnes. Nous savons en effet que les gouvernements européens qui ont adopté des institutions libérales n'ont pas atteint, dès le commencement et d'un seul coup, la régularité et la perfection actuelles, mais qu'ils n'y sont parvenus que graduellement et grâce au concours qu'ils ont rencontré dans la concorde entre les habitants et dans leur soumission à la loi du pays, sans quoi ils n'auraient pu retirer aucun avantage de ces mêmes institutions.

Or, nous voyons que maintenant encore il existe une différence marquée entre les États de l'Europe en ce qui concerne la bonté des institutions, la science, la capacité et l'impartialité des juges; et cette différence n'empêche pas les gouvernements les plus avancés d'accepter pour leurs sujets résidant à l'étranger la juridiction et les jugements des plus arriérés d'entre eux. Cela étant, il faut reconnaître qu'une pareille objection contre nous n'est que le résultat de craintes et de préjugés qui ne sont justifiés ni par l'expérience, ni par aucune raison vraiment solide. Puisque aucun sujet étranger n'a encore été soumis à la juridiction locale, comment nos adversaires peuvent-ils nous contredire en connaissance de cause, et prouver, pièces en main, la partialité qu'ils reprochent préventivement aux juges musulmans? Nous répétons donc que tout cela n'est qu'un vain prétexte et la conséquence d'un attachement exclusif à des capitulations surannées et ne convenant plus à notre époque, qui veut pour tous l'égalité et l'impartialité.

Quant à l'objection qui s'appuie sur le fanatisme et la haine religieuse des musulmans contre les chrétiens, elle peut être aisément rétorquée comme s'appliquant aux chrétiens aussi ; et les musulmans auraient également le droit de penser que les chrétiens, par aversion ou par fanatisme, ne seraient pas à leur égard impartiaux dans leurs jugements. Mais la vérité est que la différence des cultes ne peut avoir aucune influence sur le juge musulman, qui, connaissant le droit public et privé, sait par état que la nationalité ou la croyance religieuse ne constitue ni un mérite ni un défaut aux yeux de la justice, que l'impartialité en est un des éléments essentiels, et qu'il doit, quelles que soient les parties, prononcer uniquement d'après la loi, pour se conformer aux préceptes de la religion, qui est le grand régulateur sur la matière et l'ennemie de toute partialité.

Nous lisons en effet qu'avant de se convertir à l'islamisme, Zéid ben Sâna s'étant rendu chez le Prophète (que le salut soit sur lui !) pour lui réclamer le payement d'une dette, le saisit par son manteau et le tira si rudement que des traces de cette violence furent visibles sur son cou, et qu'il dit : « O descendants « d'Abd-el-Mottaleb, vous êtes des débiteurs négli-

« gents. » Amour, qui était présent à cette scène, s'emporta contre ben Sâna, et lui reprocha énergiquement son étrange procédé dans la manière de réclamer sa créance. Mais le Prophète lui dit : « Lui et moi, « nous attendions de toi autre chose que cela, Amour; « tu aurais dû d'abord me recommander à moi l'exac- « titude dans le payement, et à lui des ménagements « dans la réclamation. » Puis, ayant ajouté : « Ce « créancier est venu trois jours avant l'échéance, » le Prophète ordonna néanmoins à Amour de le solder sur-le-champ, et d'ajouter vingt mesures en sus pour la frayeur que lui avait causé son emportement. C'est alors que ben Sâna se fit musulman.

Les Sohaba (compagnons du Prophète) ne se sont jamais écartés de cette règle d'impartialité, recommandée et ordonnée par la loi, et ils l'ont prêchée d'exemple. En effet, on sait qu'un juif s'étant rendu chez le khalife Amour ben-el-Khattab, à propos d'une contestation qu'il avait eue avec Ali, neveu et gendre du Prophète, et qui fut plus tard quatrième khalife, y trouva ce dernier assis. Amour dit alors à Ali : « Levez-vous, ô modèle des pères, et asseyez- « vous à côté de votre adversaire. » Mais ayant vu qu'à ces paroles Ali changea de visage et parut mécontent, dès que l'affaire fut terminée, il lui dit : « Comment se fait-il que vous soyez fâché de ce que « je vous ai invité à vous asseoir au même rang que « votre adversaire ? » Ali lui répondit : « Je ne suis « pas fâché de cela, mais parce que vous m'avez fait « un compliment devant mon adversaire. »

Dès lors, comment pourrait-on soupçonner de partialité en faveur de la partie musulmane contre la partie

chrétienne le juge à qui sa religion fait un devoir
d'imiter et de suivre exactement dans l'application de
la loi, la pratique des premiers khalifes, étoiles de
vérité?

Après cela, nous disons qu'un homme impartial ne
peut refuser de reconnaître, dans les qualités de juge
musulman, telles que nous venons de les indiquer, une
garantie suffisante de son impartialité, comme il est
obligé d'avouer qu'il est impossible qu'une loi, une
fois sa nécessité admise, atteigne le but pour lequel
elle a été promulguée, et produise les bons effets qu'on
en attend, si elle ne peut être appliquée qu'à une
partie seulement des habitants, et particulièrement si
ceux qui sont ainsi soustraits, contrairement à tous les
principes, à l'action de cette loi, ont entre leurs
mains presque toutes les branches du commerce et de
l'industrie du pays.

De plus, non contents des obstacles apportés à
l'introduction des réformes, en empêchant leurs sujets
de se soumettre à l'action des lois locales, une fois
qu'elles seraient promulguées, certains gouvernements européens ont cherché et cherchent encore à
soulever les sujets de quelques États musulmans
contre l'acceptation des institutions politiques et administratives que leurs souverains voudraient octroyer
de leur propre initiative, et ils disent à ces sujets :
« Les institutions qu'on veut vous donner ne vous
« conviennent nullement; elles ne sont pas appro-
« priées à votre état social, et il vaut mieux pour vous
« rester comme vous êtes. » Et, tout en faisant répan-
dre de telles insinuations, ces gouvernements et leurs
agents n'ignorent certainement pas qu'ils se mettent

par là en contradiction avec les principes de leur propre organisation politique, et qu'ils donnent ainsi des encouragements directs à l'arbitraire et au despotisme, en profitant de l'ignorance des masses.

D'autres gouvernements européens disent aux sujets des pays musulmans, où des institutions sont en vigueur : « La liberté dont on vous a gratifiés est « incomplète; elle n'est pas suffisante pour garantir « et sauvegarder vos droits : vous devez en réclamer « l'extension. » Et ils tiennent ce langage, quoiqu'ils sachent qu'en réalité cette liberté qu'ils déclarent insuffisante pour les autres, est beaucoup plus grande que celle qu'ont pu obtenir d'eux leurs propres sujets.

Après cela, et en présence de ces contradictions, il faut nécessairement admettre que les gouvernements dont nous venons de parler ne peuvent avoir, en donnant ces conseils, d'autre but que d'entretenir le mécontentement et l'agitation dans les pays musulmans, pour en empêcher le progrès et la régénération.

En résumé, il est incontestable que la politique des gouvernements européens, en ce qui concerne les pays musulmans, est contradictoire, et que celle des uns est de tous points opposée à celle des autres. Car quelques-uns d'entre eux appuient certains gouvernements musulmans et sont disposés à les aider pour l'introduction d'institutions politiques adaptées à leurs besoins sociaux. D'autres s'opposent à toutes réformes dans un pays musulman, tandis qu'ils insistent pour leur application dans un autre, selon que cela convient à leurs intérêts politiques.

Malgré ce qui vient d'être dit au sujet de cette politique, je dois à la vérité d'ajouter qu'en ce qui concerne les capitulations, j'ai pu constater d'après mes entretiens, avec des hommes d'Etat de plusieurs grandes puissances occidentales, que leurs gouvernements reconnaissent sans difficulté que ces capitulations ne répondent plus aux besoins de l'époque, et qu'en principe, ils ne sont pas opposés à leur remplacement par des conventions en harmonie avec le droit international moderne. Mais, pour en venir là, ils demandent avant tout, comme garantie efficace des droits de leurs sujets, l'organisation de tribunaux, dont le fonctionnement régulier leur permettrait de faire des concessions, au fur et à mesure des progrès acquis et de la consolidation du nouvel ordre de choses. Or, le maintien du régime actuel étant, comme nous l'avons vu, un obstacle au développement régulier des affaires publiques, et, d'autre part, ces gouvernements européens ne voulant consentir à aucun changement, si ce n'est aux conditions ci-dessus énoncées, j'en conclus que les gouvernements musulmans sont dans l'obligation d'obvier à toutes les difficultés par la concession des garanties demandées.

La société islamique étant régie dans ses affaires temporelles et spirituelles par une loi d'origine céleste, qui se trouve renfermée dans des limites fixées par Dieu même, et placée par conséquent sur la balance la plus parfaite, doit trouver et trouve en effet dans cette même loi toujours et partout les éléments essentiels de bonheur et de prospérité pour ce monde et pour l'autre. Or, cette société, comme toute autre, a des besoins d'une importance incontestable, qui, dans quelques circonstances, atteignent les proportions de nécessités sociales, et dont la satisfaction est seule

capable d'amener la réglementation et le perfectionnement des affaires de l'État. Les moyens pour y parvenir peuvent être de nature différente et varier
indéfiniment, selon les temps et l'état des mœurs ; et
lorsque notre loi ne les indique pas formellement,
comme elle ne les interdit pas non plus, la saine interprétation de cette loi indique qu'il faut les prendre en
considération, les adopter et en favoriser l'application.

Mais l'examen et l'emploi successif des moyens qui
doivent remédier aux nécessités sociales, et contribuer,
avec le progrès, au bonheur de la nation, ne peuvent
avoir lieu que par la concorde et par la réunion d'une
partie de la nation, composée de membres éclairés
appartenant à la classe des ulémas et à celle des
hommes versés dans la politique, au courant des
affaires intérieures et extérieures, connaissant les
causes du mal et la nature des remèdes, et se prêtant,
dans l'intérêt du peuple, un appui réciproque pour
procurer le bien et empêcher le mal.

C'est donc aux hommes d'État, à cause de leurs
connaissances spéciales, d'indiquer les besoins ou le
mal et de proposer les remèdes, et c'est aux ulémas
de prendre en considération les moyens indiqués par
les hommes d'État, et d'en légitimer l'application par
une saine et savante interprétation de la loi. Or, tous
les ulémas qui examineront d'un œil attentif la situation de leur pays, en tenant compte des conditions
intérieures et extérieures, ne pourront se refuser à
venir en aide aux hommes d'État dans l'organisation
d'institutions appuyées sur les bases de la loi théocratique ; et, partant du principe qu'il faut faire le plus
de bien et éviter le plus de mal possible, ils veilleront

avec empressement à ce que ces institutions soient en rapport avec les principes fondamentaux de la loi théocratique, ou avec ce qui en découle naturellement et en constitue le développement et les ramifications, et ils se rappelleront surtout la maxime généralement attribuée à Amour ben Abd-el-Aziz : « Que la politique, comme la jurisprudence pratique, doit varier selon les circonstances. »

Il résulte de ce qui précède que seules les bases de la loi religieuse sont invariables et ne peuvent être modifiées par les révolutions du temps.

En relisant la savante dissertation du chef des hanafias, le cheikh Sidi Mohamed Byrem premier, on trouvera des preuves qui confirment ce que nous venons d'avancer. Après avoir dit, comme définition, que « l'action du gouvernement selon la loi comprend tous les moyens par lesquels on se trouve le plus près du bien et le plus loin du mal, quand même ils n'auraient été ni indiqués par le Prophète, ni révélés par l'esprit de Dieu, » ce jurisconsulte éminent blâme également ceux qui, dans l'interprétation relative au cercle dans lequel doit se mouvoir l'action du gouvernement, se tiendrait systématiquement dans les extrêmes, et il dit que celui qui s'en tiendrait rigoureusement à la lettre, se mettrait dans le cas ou de ne pas sauvegarder le droit, ou d'empêcher l'action de la justice, ou de favoriser indirectement la violation de la loi ; et que celui qui, dans l'interprétation rationnelle touchant l'esprit de la loi, franchit les limites permises, sort tout à fait du cercle de la loi, et ouvre la voie à l'injustice et à l'arbitraire sous toutes ses formes.

Le cheikh Byrem cite ensuite Ebnou Kayem-el-

Djowzïé, qui rapporte à son tour que Ebni Akil, appelé à se prononcer sur cette proposition : « qu'il ne saurait y avoir d'autre politique (l'action du gouvernement quant au temporel) que celle qui est approuvée par la loi, » répondit à son auteur : « Si par là vous enten- « dez que, dans la latitude qui lui est laissée, le « gouvernement doit éviter de se mettre en opposition « avec les principes explicites de la loi, ou avec ce « qui est la conséquence légitime, vous avez raison ; « mais si vous entendez que l'action du gouvernement « ne peut s'exercer qu'autant que la loi a parlé, et « qu'elle doit s'arrêter devant son silence, c'est là une « erreur grossière et une censure injuste de la doc- « trine des compagnons du Prophète et de la pratique « qu'ils ont constamment suivie. » Et il cita à l'appui plusieurs exemples de la politique adoptée par ces derniers.

Le même cheikh Byrem dit encore qu'après avoir relaté ce qui précède, Ebn-el-Kayem ajouta, à propos de la jurisprudence pratique, d'autres développements dont la conclusion est que, là où l'on voit des sentiers conduisant à la découverte de la vérité, à l'application de la justice et de l'équité, de quelque côté que vien- nent ces sentiers, qu'ils soient indiqués par la loi, ou simplement reconnus par l'homme, là est la loi tempo- relle de Dieu, car il répugne à sa bonté de supposer que, n'ayant indiqué que quelques-uns de ces sentiers, il ait voulu interdire tous les autres.

A propos de la jurisprudence basée sur la coutume, on demanda à El Karafi, « si, la coutume venant à changer, on doit changer aussi la loi, ou bien si l'on doit dire que nous ne sommes que de simples observateurs des réglements établis par nos prédécesseurs, et que nous ne pouvons pas faire une loi nouvelle, n'ayant pas qualité pour prendre sur nous la responsabilité d'une innovation quelconque. » Il répondit que « la prétention d'appliquer des lois basées sur une coutume qui a cessé d'exister aux actes qui sont le résultat d'une coutume nouvelle, provient de l'ignorance de la loi, et que la jurisprudence fondée sur la coutume doit changer avec elle, sans que ceux qui reconnaissent la nécessité de ce changement puissent être considérés comme auteurs d'une innovation interprétative de la loi, parce que c'est une maxime constante et reconnue par l'accord unanime des plus savants jurisconsultes. »

Ebnou Kayem a rangé parmi les effets de l'ignorance et les erreurs les plus grossières, la supposition que notre loi politico-religieuse ne puisse se prêter à toutes les exigences du temporel suivant les conjonctures, en ajoutant que cette ignorance et cette erreur ont permis aux souverains de violer la loi politico-religieuse et de franchir les limites fixées par la religion, pour commettre dans l'administration toute sorte d'actes arbitraires, sans même respecter les apparences et sans pouvoir prétexter la moindre excuse.

Le même cheihk, Byrem, dit enfin que la cause principale de tous ces désordres qui sont résultés de l'ignorance et de l'erreur sur la prétendue insuffisance de la loi islamique, a été l'interprétation matériellement littérale et par trop étroite de certains ulémas, qui, ne tenant aucun compte de l'esprit de la loi, et voulant rétrécir ce que Dieu a élargi, ont ainsi poussé les chefs politiques à violer, en désespoir de cause, la loi politico-religieuse, et, pour ce qui concerne le temporel, à ne plus s'enquérir des prescriptions et des limites qu'elle a établies.

Il est donc d'une importance extrême que les souverains musulmans, les ulémas et les hommes d'État, travaillent d'un commun accord à l'introduction d'institutions basées sur le contrôle et sur la justice, contenant des éléments qui puissent suffire au progrès moral des sujets et à l'amélioration de leur état matériel, et organisées de manière à leur inspirer l'amour du pays, et à faire ressortir aux yeux de tous les avantages qu'elles produisent. Ils ne doivent nullement se préoccuper des attaques que certains adversaires intéressés dirigent contre ces institutions, en prétendant qu'elles sont inapplicables à la nation musulmane, et en formulant contre leur adoption les quatre objections suivantes, savoir : L'opposition des institutions avec les principes de la loi religeuse ; l'inopportunité des institutions, à cause de l'ignorance et de l'incapacité des masses ; la longueur de la procédure et la lenteur dans la décision des affaires, et enfin le surcroît de dépenses qu'occasionnerait la création des emplois nécessaires au fonctionnement des institutions redoutées.

Tout homme éclairé peut voir que ces objections n'ont aucun fondement. Quant à la prétendue opposition avec la loi religieuse, ce que nous avons dit plus haut prouve suffisamment qu'elle n'existe point, et démontre au contraire que cette loi recommande l'adoption de ces institutions politiques et administratives, particulièrement à une époque comme la nôtre, avec ses exigences spéciales.

La seconde objection, tirée de l'ignorance et de l'incapacité des masses, ne saurait être concluante ; car, lorsque les autres nations, qui, grâce à leurs institutions, sont parvenues au plus haut degré de civilisation, ont commencé leur mouvement ascensionnel, les masses y étaient plus arriérées que les nôtres ne le sont maintenant. Nous admettons qu'actuellement l'instruction du peuple et ses connaissances pratiques sont bien moins avancées que dans certains États de l'Europe ; mais il faut reconnaître aussi, comme doivent le faire tous les hommes impartiaux après un examen sérieux, que ce peuple, dont on ne saurait contester la supériorité de l'intelligence par rapport à d'autres nations déjà avancées, a, dans les débris de son ancienne civilisation et dans ses traditions vivantes, de quoi se relever et marcher plus rapidement que toute autre dans la voie du progrès, une fois que des institutions vraiment libérales en raviveraient la séve, et l'appelleraient à intervenir dans ses affaires politiques et administratives par l'exercice d'un contrôle sérieux ; et cela se ferait dans un temps relativement bien court et qui étonnerait le monde ; car, bien qu'il soit présentement étouffé chez nous par l'arbitraire, ce sentiment de la liberté et de la dignité individuelle qui enfante des prodiges, et qui presque partout ailleurs n'est que le résultat des institutions et de l'éducation, est acquis au musulman dès l'enfance, comme un enseignement de sa propre religion.

Parmi les devoirs du législateur chargé de fonder les institutions, se trouve certainement celui de tenir compte de l'état moral des masses et de leur avancement dans les connaissances utiles, pour savoir quel

est le degré de liberté politique qu'on peut accorder, et
s'il convient, ou non, d'en généraliser l'exercice et
de l'étendre à tous indistinctement, ou de n'accorder
cette liberté qu'à ceux qui se trouvent dans certaines
conditions spéciales exigées pour cela; mais, dans ce
dernier cas, le législateur doit songer à faciliter la
réalisation de ces conditions, en cherchant à accroître
et à favoriser le développement de tous les éléments
de progrès et de civilisation. Or, quand même les
peuples musulmans ne seraient point assez mûrs pour
obtenir un degré quelconque de liberté politique, il
faut admettre pourtant que chacun d'eux a le droit
naturel d'exister comme nation, quelle que soit la
forme du gouvernement qui la dirige; il faut admettre
aussi que, par suite, et tout en n'intervenant pas dans
les affaires publiques, chacun d'eux a, du moins
comme association civile, le droit d'exiger que l'administration soit organisée et réglée de manière que les
fonctionnaires se trouvent obligés de rendre à qui de
droit un compte exact de leur gestion; que les malver-
sations et les abus soient réprimés, et surtout que les
droits et les rapports des citoyens entre eux, ainsi que
leurs personnes, leurs biens et leur honneur, soient
garantis par le respect et l'inviolabilité des lois exis-
tantes, quelles qu'elles soient, et invariablement à
l'abri de tout acte arbitraire capable d'y porter atteinte.

Enfin, en admettant pour un moment que l'introduction d'institutions purement politiques soit inopportune,
à cause de cette prétendue ignorance et incapacité, et
que réellement, comme le soutiennent ces critiques
intéressés, les peuples musulmans soient à comparer

à un mineur auquel il faut un tuteur jusqu'à sa majorité, peuvent-ils nous fournir les preuves et nous démontrer, la loi à la main, que le tuteur dans sa gestion n'est pas tenu d'avoir constamment en vue les intérêts et l'avantage de son pupille? peuvent-ils nous démontrer encore que l'on peut savoir que la tutelle est exercée ou non d'une manière favorable aux intérêts du mineur, sans que l'administration du tuteur soit soumise à un contrôle basé sur la loi?

En descendant à la troisième objection, nous répondrons d'abord que, sous le régime des institutions, la procédure devant les tribunaux réguliers ne serait pas plus longue que celle qui est suivie devant nos tribunaux religieux, et que, par conséquent, le retard dans la décision ne saurait provenir que de la difficulté et de la complication de l'affaire à examiner, ou de l'incapacité et de la négligence des juges.

Or, la lenteur qui proviendrait de la première de ces deux causes, c'est-à-dire de la difficulté et de la complication de l'affaire ne peut être critiquée que par ceux qui feignent l'ignorance pour des motifs secrets, ou qui ignorent réellement et complétement les notions les plus élémentaires de l'administration de la justice; car l'examen auquel doit se livrer celui qui est appelé à prononcer une sentence, exige un certain temps avant que la conviction se forme dans son esprit, et ce temps dont la durée doit varier plus ou moins, selon la difficulté et la complication des affaires, est, tant pour celui qui doit prononcer que pour les parties elles-mêmes, une nécessité résultant de l'organisme humain, qui ne peut procéder que par actes successifs. Ainsi, tout jugement, qu'il soit basé sur une loi écrite ou sur la simple équité, ne saurait être légal et considéré comme tel qu'autant que les parties ont eu des délais suffisants pour préparer leur défense et produire leurs preuves, et que le juge aussi a eu le temps nécessaire pour bien examiner le tout et pouvoir prononcer en connaissance de cause ; et lorsque l'un ou l'autre de ces délais n'est pas accordé, il y a violation des droits du juge ou des parties.

Comme il résulte de tout ce qui vient d'être exposé qu'un temps plus ou moins long dans la procédure est une nécessité absolue, reconnue par la loi et par le bon sens, il doit nous être permis de dire que cette troisième objection n'est formulée que dans le but intéressé d'indisposer le peuple contre des institutions qui auraient pour conséquence la régularité de la justice, et de le rendre favorable au maintien du système suivi jusqu'ici par ses juges politiques, qui, dans la plupart des affaires soumises à leur décision, et dont l'examen demanderait plusieurs jours, si elles étaient portées devant le plus capable des juges, véritablement dignes de ce nom, prononcent au bout de quelques minutes, et sans appel, même lorsqu'il s'agit de la vie d'un homme !

Mais, quand même l'appel serait admis en principe, il deviendrait illusoire et impossible dans la pratique contre des jugements non rédigés par écrit, et ne laissant conséquemment aucune trace apparente de leur existence ; car pour pouvoir procéder à la révision, il faut qu'il s'agisse d'un jugement motivé et appuyé sur des preuves qui puissent être pesées et comparées avec le jugement à réviser ; et, dans le cas en ques-

tion, il ne s'agirait que de jugements prononcés ver-
balement, et dont il serait impossible de connaître et
d'examiner les véritables motifs.

En effet, ou ces jugements à la minute dont nous
parlons sont prononcés à la légère et au hasard, ce
qui fait que nous voyons souvent des causes identiques
amener des décisions contraires, ou bien ils ne sont
appuyés que sur des motifs qui ne sortent pas de
l'esprit du juge ; et dans l'un comme dans l'autre cas,
la révision n'en serait pas moins impossible et l'appel
illusoire.

Nous ne nions pas que, dans les commencements,
il ne puisse se produire dans l'expédition des affaires
quelques retards exceptionnels, à cause du manque
d'habitude ; mais cet inconvénient ne serait que pas-
sager et disparaîtrait bientôt devant l'expérience
acquise, par des décisions sommaires pour les affaires
de minime importance, et par le concours empressé
des magistrats pour maintenir l'action régulière de la
justice et sa prompte application, de manière qu'après
bien peu de temps les affaires ne subiraient d'autre
retard que celui que nécessiterait leur propre nature.

Mais en admettant pour un moment que la longueur
de la procédure et la lenteur dans l'expédition des
affaires soient une conséquence directe et inévitable
des institutions, ainsi que le prétendent nos adversaires, nous leur répondons que les institutions ne
sont pas seulement établies pour que les affaires
privées soient décidées d'une manière impartiale, ainsi
qu'on est en droit de l'exiger, mais elles le sont encore
pour des motifs très-élevés dont le plus important, à
défaut de la liberté politique, est d'éviter le despotisme

des chefs. Or, en supposant que du retard en question puisse résulter un dommage quelconque, qui, dans tous les cas, ne saurait être que négatif, serait-il à comparer avec le dommage réel, direct et général, résultant de la liberté laissée aux chefs de porter à volonté la main sur les personnes, sur leurs biens et sur leur honneur?

Quant au retard provenant de la seconde des causes énoncées plus haut, c'est-à-dire, de la négligence et de l'incapacité des fonctionnaires, on ne saurait en aucune manière le mettre sur le compte des institutions; il ne faudrait s'en prendre qu'au gouvernement, qui ne surveillerait pas la conduite de ses fonctionnaires, et qui procéderait à leur nomination sans examen préalable, et sans s'assurer s'ils ont les qualités requises pour bien remplir leurs devoirs.

En ce qui concerne les institutions, nous dirons que les fonctionnaires peuvent être classés de la manière suivante : les fonctionnaires qui aiment et approuvent sincèrement le système des institutions et préfèrent l'utilité qui en résulte pour la liberté, pour la dignité et pour le bien-être public aux avantages personnels qu'ils pourraient obtenir sous le système de l'arbitraire; les fonctionnaires qui, méconnaissant complétement les bienfaits des institutions, ne trouvent pas une grande différence entre elles et le système de l'arbitraire, considèrent même leur introduction comme un signe de la fin des temps, et ne voient de salut que dans le maintien du *statu quo;* enfin, les fonctionnaires qui, n'ignorant pas l'excellence des institutions et les heureux fruits qu'elles produisent pour le bien-être de la nation, préfèrent à tous ces bienfaits les avantages particuliers qu'ils peuvent retirer du système de l'arbitraire et du despotisme. Cette indigne préférence ne peut avoir d'autre cause que le manque absolu de sincérité et de dignité de caractère , et l'oubli des conséquences qui en résultent pour ce monde et pour l'autre.

Cela posé, nous disons que les institutions les plus parfaites sous le rapport de l'opportunité et de l'organisation, ne sauraient produire des effets salutaires que si les fonctionnaires de la première catégorie sont chargés de leur mise à exécution; car ils sont les seuls à la foi desquels on peut confier le soin des intérêts publics, les seuls dont le concours éclairé ne fera jamais défaut. Mais on arriverait à un résultat tout à fait contraire au but que l'on poursuit, si l'on confiait l'application des institutions aux fonctionnaires des deux autres catégories, et particulièrement à ceux de la troisième, parce qu'ils ont tout intérêt à les faire avorter.

Or, tout gouvernement qui voudrait sérieusement introduire le système des institutions, et qui saurait ce qu'il doit attendre des deux dernières catégories de fonctionnaires, ne pourrait leur en confier ni la garde ni le développement, avant de s'être bien assuré par l'expérience que ceux de la seconde y ont adhéré sans restriction, et que ceux de la troisième se sont amendés au point de préférer l'intérêt public à leurs avantages particuliers, et qu'ils ont acquis les qualités sans lesquelles on ne peut accepter des fonctions qu'on ne saurait remplir dignement. En résumé, confier le soin d'un établissement à ceux qui en désirent la destruction, c'est lui créer la plus puissante cause de ruine.

La quatrième objection, tirée du prétendu surcroît de dépenses, est le résultat de la plus grossière ignorance de ce qui se passe; et si ceux qui la formulent s'étaient donné la peine de comparer les résultats du système de l'arbitraire avec ceux du système réglementé par des institutions, ils n'auraient jamais hasardé une pareille objection, qui doit étonner tout homme de bon sens; car c'est précisément le contraire qui est la vérité. En effet, c'est le système de l'arbitraire qui entraine le plus de dépenses, parce que le gouvernement tire des contribuables non seulement ce qu'il faut, mais plus qu'il ne faut, pour le dépenser le plus souvent sans nécessité et sans motifs raisonnables; tandis que le système réglé par des institutions, le gouvernement, se trouvant astreint à ne prendre que le nécessaire, et à ne l'employer qu'à des dépenses d'une utilité incontestable, ne fait peser sur la nation que des charges raisonnables, auxquelles les contribuables se soumettent de bon cœur quand ils voient régner la justice et la régularité dans la perception et dans l'emploi des deniers publics. Lorsqu'on envisage la question avec impartialité et dans toute sa réalité, il faut donc reconnaître que les emplois nouveaux qu'exige le fonctionnement des institutions, loin d'être une cause de ruine, apportent au contraire une véritable économie; car, si nous comparons la dépense qu'exigent ces emplois avec la diminution de frais qu'ils amènent dans d'autres branches du service public, par une plus grande diligence et par la suppression des sinécures, nous trouvons que la différence en moins est au-dessus de toute proportion, d'autant plus que ceux qui sont chargés du maniement des deniers publics rencontrent, sous ce système, un frein salutaire contre toute malversation.

Le choix ne saurait donc être douteux entre le système de l'arbitraire, d'après lequel l'argent des contribuables est pris et dépensé selon les caprices du chef et de ses agents, et le système qui ne permet au gouvernement de le prendre et de le dépenser que conformément à la loi ; car, en présence du contrôle et de la libre appréciation des ayants droit, ils doivent craindre d'être accusés de négligence et de malversation.

Ainsi, il demeure démontré par ce qui précède que les nombreuses dépenses qui pèsent injustement sur la nation, ne peuvent exister que sous le régime de l'arbitraire, et que le contrôle, qui amène le bonheur des sujets, ne peut avoir lieu que dans un gouvernement soumis à des institutions politiques et civiles. Cela suffit pour démontrer les avantages d'un système sur l'autre à quiconque a des yeux pour voir.

Si nous laissions un libre cours à notre plume, afin de faire connaître la situation financière de certains gouvernements et la manière d'y exercer le fisc, avant les institutions, pendant qu'elles étaient en vigueur, et depuis qu'elles sont tombées sous les attaques de ceux qui les calomnient encore, on verrait que l'ignorance, et l'ignorance la plus complète des avantages qu'elles procurent, a entraîné ces gouvernements et leurs adhérents dans le plus déplorable égarement; mais nous trouverions devant nous un si vaste champ, que nous ne saurions le parcourir sans nous éloigner du but de cet ouvrage.

Ce que la Turquie, centre moderne de l'islamisme a

fait jusqu'ici est d'un excellent exemple, et nous fait espérer que la persévérance et la sagesse de ses hommes d'État triompheront des obstacles qui lui sont propres, et parviendront à compléter les réformes qui doivent assurer le salut de l'empire et le maintien des droits des sujets. Mais les autres gouvernements musulmans, qui heureusement n'ont pas à lutter chez eux contre les mêmes obstacles intérieurs, ne sont entraînés que par leur aveugle passion pour le despotisme, source de tous les abus, quand ils refusent d'établir des institutions réclamées dans l'intérêt de leur propre conservation. Or, en présence de l'inertie de ces gouvernements et de leur obstination à maintenir un état de choses qui n'est plus de notre époque, il conviendrait, il serait juste et nécessaire que les gouvernements civilisés de l'Europe, qui se vantent si souvent, et non à tort, de leur amour pour le bien de l'humanité, vinssent enfin sincèrement en aide aux aspirations des populations, en faisant disparaître les entraves qui s'opposent à l'introduction et au fonctionnement des réformes libérales chez les musulmans, qu'on voit gémir encore sous le joug du despotisme. Quand nous parlons ainsi, nous nous adressons particulièrement à ces gouvernements qui ont intérêt à maintenir l'indépendance des nations musulmanes, chez lesquelles se trouvent beaucoup plus d'élément de vitalité et de progrès qu'on ne le suppose généralement en Europe.

En effet, les causes qui ont empêché jusqu'ici l'introduction des réformes ou leur développement graduel, et enfin l'établissement d'une complète liberté politique et administrative dans les pays musulmans, ce ne sont, nous croyons l'avoir prouvé, ni les préceptes du Coran, qui favorisent au contraire la liberté et le progrès, ni l'incapacité et la prétendue ignorance des masses, excuse ordinaire des partisans du despotisme; mais ce sont les causes politico-nationales, jointes à l'apathie des princes et des hommes d'État musulmans, ainsi que nous l'avons indiqué sans esprit de parti, mais avec une conviction sincère, basée sur des faits permanents.

Cet exposé des causes du progrès et de la décadence de la société musulmane est en partie le résumé de ce qu'ont écrit les savants et les historiens européens et musulmans, et nous l'avons fait, d'abord pour que les européens et les non-musulmans qui ne connaissent pas à fond les bases de la loi islamique, ne puissent pas ignorer à quel degré de prospérité et de progrès est parvenue la société musulmane lorsque la loi politico-religieuse était intégralement et partout appliquée, et que les chefs étaient les premiers à en observer les prescriptions, ce qui, nous le répétons, est admis par les hommes impartiaux des deux côtés, européens et musulmans; nous l'avons fait ensuite pour qu'on sache que la loi islamique ne s'oppose nullement à l'existence des institutions purement politiques et administratives, tendant à favoriser et à augmenter les moyens de civilisation. Sur ce point les Européens sont dans une étrange erreur quand ils expriment incessamment une opinion toute contraire dans leurs écrits et dans leurs feuilles politiques, par suite d'un préjugé qui ne peut trouver d'excuse que dans les désordres qu'ils voient régner chez les musulmans en ce qui concerne l'administration et la justice.

et dans les dommages qui en résultent pour le bien-être des populations.

Tous ces désordres et d'autres encore ont leur source dans l'administration arbitraire et capricieuse des chefs et dans leur négligence à observer et à faire appliquer la loi théocratique.

Il est évident que la continuation de l'état de choses actuel constitue un grave danger, dont on ne saurait assez tôt conjurer les funestes conséquences. Je citerai à l'appui ce que m'a dit à ce sujet un éminent homme d'État français, savoir : « Que la civilisation moderne est un torrent impétueux, qui a creusé son lit à travers l'Europe, renversant violemment tout ce qui s'oppose à son cours ; que les peuples musulmans limitrophes doivent se tenir en garde contre lui, et qu'ils ne peuvent se garantir de ses débordements qu'en suivant le courant. » Cette comparaison qui doit attrister tout bon musulman, sincèrement attaché à son pays, est fondée sur des faits qui frappent vivement les yeux; et ce qui en ressort est prouvé par l'expérience : car le voisinage produit naturellement des influences qui doivent s'accroître en proportion des besoins, des relations réciproques et de l'avancement des arts et des diverses industries, dont les produits agglomérés rendent nécessaire la création de nouveaux débouchés pour augmenter le revenu par l'exportation.

Après avoir résumé ce qui précède pour faire connaître les causes du progrès et de la décadence de la société islamique, nous allons tracer d'une manière sommaire l'état et la marche de la civilisation en Europe, depuis Charlemagne jusqu'à l'époque actuelle, afin que le lecteur puisse embrasser d'un coup d'œil les progrès opérés dans les lettres, les sciences et les arts, et les noms des hommes illustres qui ont découvert ou mieux expliqué les secrets et les lois de la nature physique, morale et politique.

L'auteur fait ici le tableau détaillé de la marche de la civilisation européenne jusqu'à nos jours ; il donne ensuite un aperçu des principales découvertes et inventions, et un exposé complet de l'organisation de l'instruction publique en France, qu'il propose pour modèle; après quoi il continue ainsi :

Une preuve frappante du cas que les Européens font de l'instruction et de leur empressement à élargir le cercle des connaissances, qui sont la base de la civilisation et du perfectionnement de l'espèce humaine, résulte du grand nombre de leurs bibliothèques publiques, renfermant les matér.aux de toutes les sciences, et du soin qu'ils mettent à en faciliter l'usage, par une bonne administration, dont le but principal est d'écarter tous les obstacles qui pourraient s'opposer aux heureux effets qu'elles sont destinées à produire. Pour confirmer ce qui précède, nous prendrons pour guide, quant au nombre des volumes de ces bibliothèques, le travail consciencieux qu'a publié M. Natoli, ministre de l'instruction publique, en Italie, et pour ce qui concerne le service des bibliothèques, nous relatons ce que nous avons observé nous-même en France.

Suivent la statistique comparative des bibliothèques publiques en Europe, et la nomenclature de Paris, avec les détails du service intérieur.

A propos de l'enseignement, parmi les choses qu'il convient de noter ici, il ne faut pas oublier l'importance que les Européens attachent à l'éducation des

princes do la famille régnante, au développement de
leurs facultés intellectuelles et à l'élargissement du
cercle de leurs connaissances, ce qui est sans contredit un des points les plus essentiels et les plus avantageux pour la bonne administration de l'État. Nous
disons donc que chez eux, lorsque le prince est par-
venu à l'âge où l'éducation doit commencer, le chef
de la famille lui choisit des professeurs d'un mérite
reconnu, pour lui enseigner les principes généraux
des lettres et des sciences, et diriger son éducation
d'une manière qui soit en rapport avec son rang et
avec les institutions du pays. Lorsque le prince a
complété son éducation littéraire et politique, on lui
fait visiter les pays étrangers, pour qu'il puisse par
lui-même en constater l'état, et comparer la différence
qui existe entre ces pays et le sien, afin d'en tenir
compte et de mettre à profit ses observations, lorsqu'il
gouvernera à son tour, soit pour éviter ce qui pourrait
faire rétrograder son pays, soit pour adopter ce qu'il
a vu ailleurs de mieux organisé et de plus favorable à
la prospérité des peuples, soit pour persévérer dans le
système en vigueur dans son propre pays, s'il se
trouve meilleur que ce qu'il a vu chez les autres.
Dès qu'il a atteint l'âge de la majorité, qui varie selon
les lois particulières de chaque nation, le prince
héréditaire devient membre du premier corps politique
de l'État, comme, par exemple, le Sénat en France,
mais avec cette différence qu'il a seulement droit de
présence, et qu'il ne peut prendre part à la discussion
ni concourir au vote que lorsqu'il a accompli sa vingt-
cinquième année, qui est la condition d'âge exigé par
les lois du pays pour l'admission de tout membre dans

un corps politique. L'avantage qui en résulte pour le prince, c'est de contracter, après un examen successif et approfondi, l'habitude des discussions politiques, et d'acquérir des notions complètes sur les théories gouvernementales, et une connaissance exacte de la valeur des hommes d'État, qui, devant lui, prennent part à la discussion journalière des affaires, connaissance de la plus haute importance pour celui qui, se trouvant sur les marches du trône, est appelé à gouverner la nation et à remplir, par conséquent, la mission la plus haute et la plus difficile qui soit parmi les hommes, car rien n'égale le poids du fardeau résultant de la direction suprême de l'État.

Il est donc nécessaire que celui qui accepte la responsabilité de la souveraineté possède des connaissances générales et des qualités spéciales, qu'on doit exiger de lui plus encore que de tout autre fonctionnaire, et particulièrement il faut qu'il connaisse les hommes capables et expérimentés pour les appeler aux emplois supérieurs, et qu'il n'ignore pas jusqu'où peuvent aller la dissimulation et les intrigues de la jalousie et de l'envie. Car le devoir des souverains n'est pas de rendre en personne la justice à leurs sujets, comme cela se voit aujourd'hui dans certains pays musulmans, ni de se mêler des détails de l'administration, pour lesquels ils doivent être suppléés par des magistrats et par d'autres employés à ce destinés. Mais ce qu'on est en droit d'exiger d'eux personnellement, c'est la haute surveillance de l'administration générale de l'État, de manière à corriger les erreurs et à ne pas laisser les abus impunis, une étude approfondie des besoins du pays, une protection éclairée accordée aux sciences, à l'agriculture, au commerce et à l'industrie, une bonne organisation des forces de terre et de mer, la défense des frontières, et enfin une sage direction des relations politiques et commerciales, dans le but de réaliser tout ce qui peut contribuer à la grandeur de la nation et au développement de sa richesse.

Le bonheur ou le malheur des empires dépend de ce que les souverains remplissent ou non leurs fonctions de la manière par nous indiquée, et de l'existence ou de la non-existence d'institutions basées sur la justice, comprises et respectées de ceux qui sont chargés de leur application pratique.

Nous lisons dans Polybe: « De quelle utilité peut
« être pour les malades un médecin qui ne connaît
« pas les causes des maladies? Que peut-on attendre
« d'un ministre d'État qui ne connaît ni la raison, ni
« l'origine des affaires qui arrivent dans un royaume?
« Comme il n'y a pas d'apparence que le premier
« donne jamais de remède convenable, il n'est pas
« possible que le second, sans la connaissance de ce
« que nous venons de dire, prenne prudemment un
« parti. »

On doit donc reconnaître que si le bonheur des peuples ne peut se réaliser en présence de l'ignorance dont nous venons de parler, à plus forte raison devient-il impossible là où cette ignorance s'ajoute à l'absence des institutions, qui seules peuvent servir de guide en pareille matière; car, dans le premier cas, l'empêchement ne provient que de l'ignorance feinte ou réelle; mais ce n'est là qu'une cause passagère, qui peut être facilement écartée en remplaçant ou en éclairant les employés, ou bien encore en forçant les faux ignorants à se conformer aux prescriptions des institutions en vigueur. Mais s'il n'existe aucune loi à laquelle on doive s'en rapporter, alors un large champ reste ouvert aux caprices et aux passions tant du chef que des subordonnés ; et il y aurait vraiment de quoi s'étonner si cela n'amenait pas la ruine complète de l'État, ainsi que nous en avons vu malheureusement des exemples frappants.

Comme ce que nous avons exposé dans le cours de cette introduction tend positivement à démontrer que la liberté est la base et la source du développement des sciences et de la civilisation chez les nations européennes, nous croyons devoir expliquer comment la liberté y est pratiquée, afin de prévenir ou de dissiper tout doute à cet égard.

Il existe chez les Européens deux libertés principales, dont l'une est la liberté civile, qui consiste dans le droit reconnu à tous les citoyens de disposer comme ils l'entendent de leurs personnes et de leurs biens, de jouir de l'égalité devant la loi et d'une entière sécurité pour leurs personnes, pour leur fortune et pour leur honneur, de manière qu'ils ne puissent jamais être exposés à craindre la violation arbitraire d'aucun de leurs droits, ou à être jugés contrairement aux lois du pays, dont l'application est confiée à des tribunaux indépendants et légalement constitués ; parce que, dans les pays de liberté, les lois lient aussi bien les gouvernants que les gouvernés.

La liberté civile, telle que nous venons de la définir existe, sauf quelques légères différences, selon les constitutions spéciales, dans tous les États européens, excepté dans ceux du pape et en Russie ; car ces deux gouvernements sont absolus, et quoiqu'ils aient des codes de lois et des tribunaux, cela ne suffit pas à la complète garantie des sujets, parce que l'application régulière des lois y dépend en définitive de la seule volonté du souverain.

L'autre liberté est la liberté politique, qui est le droit qu'ont les citoyens de participer aux affaires politiques et d'exprimer leurs opinions sur ce qui convient le mieux aux intérêts de la nation. C'est précisément à ce droit que faisait allusion, ainsi que nous l'avons vu, le second khalife Amour ben el Khattab, quand il disait : « O vous tous qui m'écoutez, si vous « voyez des écarts dans mon administration, veuillez « les redresser. »

Mais si la liberté politique devait être personnellement exercée par chaque citoyen, il en résulterait, à cause du nombre et de la divergence des opinions, une grande confusion dans la délibération et un retard préjudiciable dans l'adoption des mesures intéressant le salut commun. On a donc remédié à cet inconvénient en faisant nommer par la nation un nombre de représentants fixé proportionnellement d'après la population, et dont la réunion constitue ce qu'on appelle les Chambres. Cela se pratique ainsi dans tous les États européens, excepté dans ceux du pape et en Russie.

Ce sont ces représentants qui, agissant au nom et dans l'intérêt de la nation, ont le droit de discuter et de voter les lois et les impôts, de contrôler les actes du gouvernement et d'exprimer librement leur opinion devant les ministres, ainsi que nous le verrons en parlant des institutions politiques de l'Europe.

La nation a encore d'autres priviléges, tels que le droit de réunion pour discuter ses propres intérêts, et la liberté de la presse, d'après laquelle tout citoyen a le droit de publier ce qu'il croit avantageux à la nation, dans des livres ou des journaux qui sont à la portée du peuple, et enfin d'adresser des pétitions aux corps constitués, quand bien même elles contiendraient la critique des actes du gouvernement.

Pour ce qui concerne l'extension des libertés, il existe une certaine différence parmi les nations européennes ; car il y en a qui possèdent les deux libertés telles que nous les avons définies, et sont, par suite, en possession de la complète liberté. Il y en a chez qui la liberté politique est restreinte pour des motifs intéressant leurs gouvernements, qui croient ne pouvoir donner ce que d'autres ont accordé sans inconvénient ; et cela, parce que l'état des gouvernements diffère suivant les tendances des sujets et le but dans lequel ils se serviraient de la complète liberté politique. En effet, là où les sujets ne font qu'une opposition légitime, et seulement dans le cas où le gouvernement s'écarte de la bonne voie, pour l'engager à adopter ce qui est avantageux à l'État, on a pu accorder en toute sécurité la complète liberté politique, à cause de l'identité de vues des sujets et du gouvernement, concourant ensemble à procurer l'avantage général.

Mais il y a des adversaires systématiques qui, par leurs tendances bien connues, permettent de supposer que leur opposition n'a d'autre mobile que l'esprit de parti, la nation étant divisée en partis politiques dont chacun désire voir triompher la forme de gouvernement qui, à ses yeux, est la plus favorable au pays. Ainsi, il y a des partis qui préfèrent la république à la monarchie constitutionnelle; il y en a d'autres qui, tout en voulant la monarchie, préfèrent une dynastie à une autre; d'où il résulte que le pouvoir a lieu de craindre que l'opposition qui lui est faite par les divers partis, dans le but apparent de ramener le gouvernement dans la bonne voie, n'ait pour principe des motifs secrets de la nature de ceux dont nous venons de parler. C'est à cause de ces craintes que certains gouvernements ont pu se croire dispensés d'accorder une complète liberté politique.

Le devoir des États où existe la liberté, c'est d'en profiter pour la rendre féconde et pour en faire sortir les heureux effets par le développement des sciences, des arts, de l'agriculture et du commerce, sources du bien-être matériel, qui est un complément de l'indépendance et de la liberté, qui ne peut se réaliser que lorsqu'il est favorisé par la justice et par une bonne organisation de la société.

Pour qu'il y ait du bien-être quelque part, il faut que l'ordre social soit assis sur des bases solides, que la propriété soit respectée, que la sécurité règne, il faut, en un mot, que l'homme qui travaille ne soit pas exposé à se voir ravir le fruit de ses peines. C'est en vain que la Providence aura placé un peuple sous un climat favorisé, au milieu des terres les plus fertiles; si celui qui sème n'est pas assuré de récolter, les terres demeureront incultes. Pourquoi les riches provinces de l'Asie et de l'Afrique sont-elles aujourd'hui frappées de stérilité? Évidemment parce que le manque de sécurité détruit la confiance et, par suite, l'activité.

Les moyens généraux d'accroître la production sont les voies de communication, les institutions de crédit et l'éducation professionnelle.

Par les voies de communication, l'on rapproche la production et la consommation, le producteur et les matières premières. Par les institutions de crédit, on fait circuler les capitaux, qui fécondent la production, et on les fait parvenir entre les mains les plus capables de les faire valoir. Par l'éducation professionnelle, on façonne à l'art de la production l'homme, qui en est l'agent essentiel.

Nous avons constaté nous-même que les pays qui sont parvenus au plus haut degré de prospérité sont ceux où la liberté a jeté des racines profondes, et dont les sujets ont pu en utiliser les bienfaits, en mettant le plus grand empressement à se procurer les avantages par nous indiqués.

Une des conséquences de la liberté, c'est l'indépendance individuelle dans les entreprises commerciales.

L'association ou l'union entre plusieurs personnes, dans un intérêt commun, pour quelque entreprise, est un des moyens les plus féconds pour la prospérité commerciale, ainsi que cela est admis par le bon sens et prouvé par l'expérience; car la force qui résulte de l'union est un axiome incontestable et reconnu en toutes choses, et chaque fois que l'esprit d'association s'empare d'un peuple, on en voit sortir les plus heureux et les plus étonnants résultats.

C'est cet esprit qui a multiplié en Europe les sociétés de toute espèce, civiles et commerciales, financières, industrielles, maritimes, agricoles; qui a créé d'admirables institutions scientifiques ou charitables et les plus beaux établissements de l'industrie moderne ; les exploitations des mines et des carrières, les canaux, les chemins de fer, les banques, et tant d'autres entreprises qui n'auraient jamais pu exister sans lui. Quel individu eût jamais été assez riche et assez puissant pour entreprendre un chemin de fer ? Peu de personnes auraient voulu engager toute leur fortune dans de pareils projets, rendus faciles de nos jours avec la réunion de deux ou trois cent mille associés ou actionnaires, ne risquant qu'une faible portion de leur fortune pour se créer une part de propriété dans une grande compagnie, dont les statuts, après un examen approfondi, sont approuvés par le gouvernement, et que dirigent, sous le nom de Conseil d'administration, des hommes distingués par leurs lumières, leur fortune et leur position sociale, et d'ailleurs nommés par les actionnaires eux-mêmes, pour appliquer les statuts de ladite société, pour sauvegarder ses intérêts, rendre annuellement un compte exact des recettes et des dépenses et de toutes les opérations qui s'y rattachent, enfin, pour fixer et répartir les dividendes, c'est-à-dire, la part de bénéfice qui revient à chaque actionnaire.

Sans le développement de l'esprit d'association, aurait-on pu songer de nos jours à faire communiquer l'Europe avec l'Amérique, au moyen d'un câble électrique, ce qui est le triomphe de la science positive appliquée à la spéculation ? Aurait-on songé à percer un canal à travers l'isthme de Suez, à faire communiquer les deux océans sur le territoire de l'Amérique centrale, à percer les Alpes, à franchir les Pyrénées, à faire un tunnel sous la Tamise, à créer ces grandes compagnies maritimes, telles que les Messageries Impériales, qui sillonnent toutes les mers avec leurs magnifiques bateaux à vapeur, en un mot, à concevoir et à mettre à exécution tous les projets qui ont étonné notre siècle?

Les hommes d'État, les inventeurs, les entrepreneurs, les ouvriers habiles, c'est-à-dire l'intelligence et le travail, trouvent dans l'esprit d'association un auxiliaire puissant pour se procurer le capital et les moyens nécessaires d'appliquer leurs découvertes, de développer leur industrie et d'augmenter la fortune publique.

L'association, l'expérience le démontre, est donc un principe d'une admirable fécondité; en réunissant les forces individuelles en un foyer, il en centuple la puissance. Dans l'industrie et le commerce en particulier, il est susceptible des plus nombreuses et des plus heureuses applications. Il n'est, pour ainsi dire, pas de travaux qu'il ne permette d'entreprendre, pas de résultat, quelque prodigieux qu'il soit, qu'il ne puisse atteindre. Les deux plus colossales créations des temps modernes, la Banque de France et les colonies britanniques dans l'Inde en sont la preuve.

L'auteur donne ici l'histoire de la Banque de France et en fait connaître l'organisation ainsi que les prodigieux résultats. Il ajoute en outre quelques détails sur les encouragements donnés en Europe aux sciences, aux arts, à l'industrie et au commerce, et il explique à ses coreligionnaires les avantages qui résultent des expositions industrielles et agricoles, après quoi il continue ainsi:

Le moment est venu de faire connaître et d'expliquer les bases des institutions politiques en Europe, d'où découlent la civilisation et la prospérité auxquelles nous avons souvent fait allusion. Et d'abord, nous disons que les Européens ayant constaté par l'expérience que la liberté laissée au souverain et à ses agents de diriger les affaires du pays sans autre règle que leur volonté, était une source d'abus qui amènent la ruine des États, et s'étant confirmés dans cette conviction par la connaissance que l'histoire leur a fournie des causes du progrès et de la décadence des sociétés anciennes, ils ont fini par adopter le principe salutaire de l'intervention de la nation dans les affaires publiques par l'intermédiaire de ses repré sentants, conformément à des lois fondamentales éla: borées de concert par les gouvernants et par les gouvernés. Ces lois sont de deux sortes : celles qui règlent les rapports entre le souverain et la nation, et celles qui régissent les rapports et les droits des particuliers entre eux.

L'auteur rappelle les principes généraux du droit public intérieur communs aux diverses constitutions de l'Europe; il expose les droits et les devoirs des souverains; il explique le droit électoral, le fonctionnement des chambres, le rôle des majorités, et ce qui amène la chute ou la démission des ministres; il s'étend sur la responsabilité ministérielle, et fait comprendre aux musulmans ce que c'est que la dictature en Europe. Enfin, après avoir fait ressortir la nécessité pour le gouvernement de marcher d'accord avec la majorité, les avantages qui en résultent pour lui et pour la nation, il ajoute

On n'ignore pas tout ce que le système du contrôle renferme d'amertume à cause de la publicité et de l'énergie des attaques dans la discussion, et qu'il doit répugner au tempérament et au caractère de certains princes et des hommes d'État qui les environnent; mais heureusement pour les nations européennes, les souverains et leurs ministres ont compris toute l'utilité des gouvernements libres et du contrôle, qui en est la conséquence.

Ici l'auteur fait ressortir ce que, par suite des institutions libérales, les nations européennes ont acquis en fait de progrès, de prospérité, de force intérieure et de prépondérance à l'extérieur; et, après avoir comparé ces nations avec les Persans, les Grecs et les Romains, en montrant que ces anciens peuples ne sont arrivés à l'apogée de la gloire que par la sagesse de leurs institutions et par leur respect pour elles, et qu'ils ne sont tombés que pour les avoir négligées, il termine ainsi:

Nous croyons avoir prouvé d'une manière péremptoire, dans cette introduction, que l'administration politique et civile, régie par des institutions libérales, constitue un des plus grands avantages pour l'État et pour les citoyens; que les heureux effets en sont visibles à tous les yeux dans les gouvernements constitutionnels, et que, si l'administration politique et civile est exercée sans le contre-poids et le frein salutaire des institutions, il en résulte les maux les plus frappants et les plus désastreux. L'une et l'autre conséquence ne peuvent échapper à l'œil vigilant de tout homme qui aime sincèrement son pays : c'est pour cela que nous ne cesserons pas de répéter que l'introduction d'institutions politiques libérales parmi nous est une des nécessités absolues de notre époque; et nous ajoutons, appuyé sur la vérité et sans crainte d'être sérieusement contredit, que tout fonctionnaire qui n'admet pas l'utilité et la nécessité du contrôle, permet de suspecter son intégrité et son attachement à l'État et à la patrie. Car le précepte que notre religion nous donne de conseiller le bien, ne peut être suivi sans la connaissance des faits, et ce n'est que par le contrôle qu'on peut acquérir cette connaissance.

Par ce que nous avons confié aux pages de cette introduction, nous croyons en avoir dit assez pour être compris de tout lecteur intelligent.

NOTE DU TRADUCTEUR.

Les deux livres qui viennent après l'introduction renferment la partie statistique, et contiennent, sous la rubrique de chaque État, l'exposé des matières suivantes :

Histoire. — Chronologie des souverains. — Notices géographiques et statistiques. — Institutions politiques. — Organisation administrative. — Instruction publique. — Justice. — Production nationale, naturelle et industrielle. — Commerce d'exportation et d'importation. — Finances. — Forces de terre et de mer.

10 Djoumed el Awel 1284 (9 septembre 1867).

Paris.-Imp. PAUL DUPONT, 45, rue de Grenelle-Saint-Honoré.